安徽省高校哲学社会科学重点项目
（项目编号：2023AH050154）

高校劳动教育实践分析与发展创新

盛宝柱　宁　宁 / 著

化学工业出版社

·北京·

内容简介

"劳"是教育体系中一个独立的有机组成部分,是与"德智体美"并列的教育内容,同时也是培养合格社会主义建设者和接班人的重要条件。本书通过高校劳动教育实践的现状调查、存在的问题及原因分析,提出了高校劳动教育实践的对策和措施,在此基础上从高校学生个人、家庭、社会、学校四个方面具体提出了高校劳动教育实践的发展创新。

本书适合高等学校管理者、高等学校广大教师和学生、高等学校相关政府管理部门、广大高等学校学生的家长、关注大学生成长的社会各界人士阅读。

图书在版编目(CIP)数据

高校劳动教育实践分析与发展创新/盛宝柱,宁宁著. —北京:化学工业出版社,2024.10. — ISBN 978-7-122-46227-5

Ⅰ.G40-015

中国国家版本馆 CIP 数据核字第 202466W5D1 号

责任编辑:毕小山　　文字编辑:冯国庆
责任校对:张茜越　　装帧设计:刘丽华

出版发行:化学工业出版社
　　　　(北京市东城区青年湖南街13号　邮政编码100011)
印　　装:北京七彩京通数码快印有限公司
710mm×1000mm　1/16　印张10¼　字数220千字
2024年10月北京第1版第1次印刷

购书咨询:010-64518888　　售后服务:010-64518899
网　　址:http://www.cip.com.cn
凡购买本书,如有缺损质量问题,本社销售中心负责调换。

定　价:98.00元　　　　　　　　版权所有　违者必究

前言

习近平总书记在全国教育大会上强调，以凝聚人心、完善人格、开发人力、培育人才、造福人民为工作目标，培养德智体美劳全面发展的社会主义建设者和接班人，加快推进教育现代化、建设教育强国、办好人民满意的教育。当前高校劳动教育实践是建立健全我国高等教育体系、完善高校综合育人机制的重要之举，有助于当代高校学生形成正确的劳动价值观念，培养深刻丰富的劳动情感，塑造符合时代需求的优秀劳动人才。

劳动教育实践是实现高校学生人生理想的必修课。大学阶段是一个人充满活力、激情、闯劲的巅峰时期，但高校学生的劳动价值观尚未成熟，对其开展劳动教育实践，不仅能够提高劳动意识，而且有助于通过劳动教育实践纠正其不良习惯，使其树立"劳动光荣"的观念，养成良好的劳动习惯，端正劳动态度，增强劳动情感，使高校学生成为德智体美劳全面发展的社会主义建设者和接班人。

高校学生受社会、家庭、学校及个人诸多因素的影响，容易出现轻视劳动和体力劳动者、认为劳动完全没有必要、不能理解劳动成果来之不易等问题。然而高校学生肩负着实现中华民族伟大复兴的历史重任，应该具备较高的劳动素养。对高校学生劳动教育实践进行研究，可以充分发挥社会主义核心价值观对高校学生的引导作用，进而达到培养高校学生劳动情怀、弘扬劳动精神、提升综合素质、促进全面发展、实现人生理想的目的。

开展当代高校学生劳动教育实践和发展创新研究，能够激发社会各界对劳动教育实践关注的兴趣。劳动教育实践是一个系统工程，需要多方协同参与，仅仅依靠党和政府的力量是远远不够的，还需要高校学生、家庭、高校、社会等多方教育主体的共同参与。因此，本书通过对高校学生劳动教育实践展开系统分析，希望能够引起社会各界对高校学生劳动教育实践的重视，达到各教育主体协同育人的目的。

由于作者学识和经验有限，书中不可避免地存在疏漏之处，恳请大家批评、指正。

著者

2024 年 3 月

目录

第一章 绪论 — 1

第一节 研究背景和意义 …… 1
一、研究背景 …… 1
二、研究意义 …… 4

第二节 国内外研究现状 …… 7
一、国外研究现状 …… 7
二、国内研究现状 …… 10

第三节 研究方法 …… 16
一、问卷调查法 …… 16
二、访谈调查法 …… 16
三、文献研究法 …… 16
四、系统分析法 …… 17
五、跨学科分析法 …… 17

第二章 相关概念和理论基础 — 18

第一节 相关概念 …… 18
一、劳动的概念 …… 18
二、劳动教育的概念 …… 19
三、高校劳动教育的概念 …… 21
四、劳动观与劳动观教育的概念 …… 21

第二节 理论基础 …… 22
一、中华优秀传统文化中的劳动教育思想 …… 22
二、马克思主义的劳动教育思想 …… 25
三、我国社会主义劳动教育思想 …… 27

第三章 高校劳动教育实践的现状调查及相关分析 —— 30

第一节 高校学生劳动教育实践调查基本情况 …… 30
一、调查问卷的设计 …………………………… 30
二、调查对象与方法 …………………………… 31
三、问卷数据统计结果 ………………………… 32

第二节 高校学生劳动教育实践取得的积极成效 …………………………………………… 46
一、劳动认知日趋清晰，学生的劳动意识得到强化 ……………………………………… 46
二、劳动教育实践有序开展，学生的劳动能力得到提升 ………………………………… 47
三、劳动教育政策充分落实，学生就业创业得到改善 …………………………………… 48
四、劳动教育内容多元，育人体系不断优化 …… 49

第三节 高校学生劳动教育实践存在的问题 ……… 50
一、劳动教育实践在家庭中被软化 …………… 50
二、劳动教育实践在社会中被淡化 …………… 51
三、劳动教育实践在学校中被弱化 …………… 51

第四节 高校学生劳动教育实践存在问题的原因分析 …………………………………………… 53
一、个人因素 …………………………………… 53
二、家庭因素 …………………………………… 53
三、社会因素 …………………………………… 54
四、高校因素 …………………………………… 54

第四章 高校劳动教育实践的对策和措施 —— 56

第一节 发挥高校学生个人在劳动教育实践中的主体作用 ……………………………………… 56
一、高校学生应加强自我教育 ………………… 57
二、高校学生要加强劳动教育实践的自我管理 … 58
三、高校学生应形成良好的劳动习惯 ………… 59
四、高校学生应加强自我升华 ………………… 60

第二节 发挥家庭在高校学生劳动教育实践中的基础作用 ……………………………………… 61

一、父母要注重建设良好家风 …………………………… 62
　　二、父母需转变教育理念 ………………………………… 62
　　三、父母要注重发挥榜样作用 …………………………… 63
　　四、父母要积极引导提高孩子的劳动兴趣 ……………… 64

第三节　发挥社会在劳动教育实践中的支持作用 … 64
　　一、充分发挥各级政府的主导作用 ……………………… 64
　　二、鼓励社会共同参与劳动教育 ………………………… 66
　　三、营造积极劳动教育氛围 ……………………………… 66

第四节　发挥学校在劳动教育实践中的主导作用，
　　　　构建劳动教育实践的长效机制 …………………… 68
　　一、打造劳动教育实践融合课程 ………………………… 68
　　二、深化劳动教育实践日常管理考核体系 ……………… 71
　　三、以校园文化建设引导劳动教育实践 ………………… 73
　　四、加强高校学生劳动教育实践的师资力量建设 ……… 74

第五章　高校劳动教育实践的发展创新 —— 77

第一节　高校学生劳动教育实践的目标 …………………… 77
　　一、树立科学劳动观念 …………………………………… 77
　　二、培育浓厚劳动情感 …………………………………… 78
　　三、养成良好劳动习惯 …………………………………… 78
　　四、夯实劳动技能教育 …………………………………… 79

第二节　高校学生劳动教育实践的传承与创新 …………… 79
　　一、劳动教育实践内容的传承与创新 …………………… 79
　　二、劳动教育实践方法的传承与创新 …………………… 80
　　三、高校劳动教育实践发展创新应与创新创业教育
　　　　相结合 …………………………………………………… 81

第三节　高校学生个人在劳动教育实践中的发展
　　　　创新 ………………………………………………… 82
　　一、农村特岗教师 ………………………………………… 82
　　二、大学生村干部 ………………………………………… 85
　　三、积极参加"三支一扶" ……………………………… 87

第四节　家庭在高校劳动教育实践中的发展创新 … 90
　　一、自我服务劳动 … 91
　　二、自我服务劳动意识建立的意义 … 91
　　三、自我服务劳动能力提升的途径和方法 … 92
　　四、家庭照护 … 93
　　五、家庭护理 … 96
　　六、家庭清洁 … 97
　　七、日常家务劳动 … 102

第五节　社会在高校劳动教育实践中的发展创新 … 103
　　一、社会实践的内涵、类型和意义 … 103
　　二、社会实践的实践过程 … 106
　　三、社会调查 … 107
　　四、社区劳动 … 110
　　五、农工商生产劳动 … 112

第六节　学校在劳动教育实践中的发展创新 … 116
　　一、校园清洁和环保行动 … 116
　　二、环境美化 … 120
　　三、垃圾分类 … 122
　　四、义务劳动和勤工助学 … 126
　　五、专业服务和创新劳动 … 132

附录 …… 139

附录一　中共中央 国务院关于全面加强新时代大中小学劳动教育的意见 … 139
附录二　大中小学劳动教育指导纲要（试行）…… 144

参考文献 …… 155

第一章 绪 论

第一节 研究背景和意义

一、研究背景

劳动创造了人和人类社会。劳动是人们创造物质财富和精神财富的过程，是人类生存和发展的必需品，是人们实现自我价值和社会进步的源动力与重要途径。

劳动是生活的第一需要。劳动是创造物质世界和人类历史的根本动力。劳动是一切社会财富的源泉。劳动自人类诞生时便已经产生。人类历史的发展与劳动的产生是同一个过程，人类的发展史就是一部劳动史。劳动是人类改造客观世界和主观世界的基础，劳动创造财富，创造价值。财富的形成是多种要素共同作用的结果，但劳动始终是其中的必要条件，并且是产品价值的唯一来源。离开劳动，人类将失去推动世界发展进程的力量，甚至造成人精神的蜕变，人类的一切梦想将沦为镜花水月。劳动在实现人类社会公平公正的进程中，始终扮演着重要角色，发挥着举足轻重的作用，公平对待劳动、共享劳动成果、实现体面劳动，是实现人的自由全面发展的前提。

马克思曾经指出："任何一个民族，如果停止劳动，不用说一年，就是几个星期，也要灭亡，这是每一个小孩都知道的。"前苏联教育家安·谢·马卡连柯（1888—1939年）说："劳动永远是人类生活的基础，是创造人类文化幸福的基础。"劳动之所以是人类文明发展进步的源泉，是因为人类可以凭借劳动不断创造物质财富和精神财富。即使是在当今经济飞速发展的社会，人类凭借劳动制造出许多科技含量高、看起来似乎能够替代劳动的机器，劳动作为人类的基本生存方式也并未因此而发生消失和衰退，而是不断地转换和创新，来适应和推动社会的发展。由此可见，劳动在人类的发展中起着不可分割的作用。

新中国成立以来，党和政府都高度重视劳动和劳动教育，早在1949年9月中国人民政治协商会议第一届全体会议上通过的《中国人民政治协商会议共同纲领》的第四十二条就指出："提倡爱祖国、爱人民、爱劳动、爱科学、爱护公共财物为中华人民共和国全体国民的公德。"1982年12月通过的《中华人民共和国宪法》第二十四条指出："国家提倡爱祖国、爱人民、爱劳动、爱科学、爱社会主义的公德。"1993年颁布的《中国教育改革和发展纲要》指出："加强劳动观点和劳动技能的教育，是实现学校培养目标的重要途径和内容。各级各类学校都要把劳动教育列入教学计划，逐步做到制度化、系列化。社会各方面要积极为学校进行劳动教育提供场所和条件。"2001年，中共中央印发的《公民道德建设实施纲要》指出："社会主义道德建设要坚持以为人民服务为核心，以集体主义为原则，以爱祖国、爱人民、爱劳动、爱科学、爱社会主义为基本要求。"2004年发布的《中共中央国务院关于进一步加强和改进大学生思想政治教育的意见》指出，大学生思想政治教育要"积极探索和建立社会实践与专业学习相结合、与服务社会相结合、与勤工助学相结合、与择业就业相结合、与创新创业相结合的管理体制，增强社会实践活动的效果，培养大学生的劳动观念和职业道德"。2010年发布的《国家中长期教育改革和发展规划纲要（2010—2020年）》再次重申，未来10年我国教育的战略主题包括坚持全面发展，要涵盖"加强劳动教育，培养学生热爱劳动、热爱劳动人民的情感"的教育目标。2013年，为深入学习贯彻习近平总书记的讲话精神，落实立德树人根本任务，全面实施素质教育，教育部党组决定从2013年秋季开学起，在全国各级各类学校深入开展爱学习、爱劳动、爱祖国（以下简称"三爱"）教育。在各级各类学校深入开展"三爱"教育，对于培育和践行社会主义核心价值观，深化中国梦的宣传教育，帮助学生树立正确的世界观、人生观、价值观具有重要意义。

劳动教育是指学校通过专门的劳动课程，来培养学生正确的劳动观念和意识，并且掌握一定劳动技能的教育。大学生是新时代中国特色社会主义建设的中坚力量，把大学生培养成德智体美劳全面发展的社会主义建设者和接班人，事关中华民族伟大复兴的实现。但是，随着时代的发展，我国社会发展呈现多样性的特点，经济主体的多样性、价值观选择的多样性、文化的多样性等给大学生劳动观造成了巨大的冲击。大学生作为受过良好教育，即将进入社会成为劳动者的群体，通过劳动教育培养其社会责任感和竞争能力以及对其自身素养的完善具有重要意义。然而新时代的大学生习惯了高效率生活及物质生活带来的便利和享受，对劳动的体验和感触越来越淡，处于长期脱离劳动实践的状态，由此引发了一系列问题。比如，部分大学生出现诸如"啃老"、懒惰、劳动功利化、歧视体力劳动者、不诚信劳动等现象；部分大学生养成了大手大脚的消费习惯，不懂得珍惜劳动人民的劳动成果；部分大学生在就业过程中趋于寻找高工资、付出少的岗位，把工作看作一件辛苦的事情；部分大学生不具备劳动的意识和能力，不会劳动的现象较为普遍。再比如思想方面形成好吃懒做、好逸恶劳，甚至鄙视劳动的思想；学习方面缺乏合作精神、争名夺利、素质低下；自身生活方面独立性差、奢侈浪费、不懂得珍惜别人的劳动成果；一些大学生消费追求档次，崇尚名牌，羡慕轻松享受的生活；求职方面眼高手低、处理事情能力较差等现象比比皆是。以上种种现象，不得不引发人的深思，而这些问题都与高等学校劳动教育的缺失有着直接或间接的关联。如果说，作为国家栋梁、民族精英的大学生害怕劳动，四体不勤，那么学来的知识和技能又有何用？又如何回报社会，报效祖国？

2015年8月教育部下发《关于加强中小学劳动教育的意见》中要求，用三到五年的时间，将劳动教育体系进行细化和完善，具体包括统筹资源，构建模式，推动建立课程完善、资源丰富、模式多样、机制健全的劳动教育体系，形成普遍重视劳动教育的氛围，并且要求学校和社会形成注重劳动教育的良好环境。2016年9月《中国学生发展核心素养》总框架发布，将劳动意识作为学生参与社会实践创新的一项主要内容列入学生发展核心素养体系。以上出台的文件，不仅反映出党和国家对劳动教育的高度重视，同时也反映出劳动教育在教育视野中被忽视甚至边缘化的危机，由此可见加强大学生的劳动教育迫在眉睫。但是在不理解劳动教育的内涵与本质的情况下，劳动教育很可能再次流于形式，名不符实。因此，何为劳动教育本质和内涵？以及劳动教育可以对大学生的哪些方面起到促进和影响？新时代的大学生需要什么样的符合时代特征的劳动教育？到底是什么在阻碍着高等学校劳动教育的实施？对这些问题的思考和回答，将直接影响高等学校劳动教育的实施和效果。

2020年3月20日，中共中央、国务院发布《关于全面加强新时代大中小学劳动教育的意见》（以下简称《意见》），明确指出："劳动教育是中国特色社会主义教育制度的重要内容，直接决定社会主义建设者和接班人的劳动精神面貌、劳动价值取向和劳动技能水平。"深刻阐明劳动教育的重要地位和育人价值。并且鲜明地指出"近年来一些青少年中出现了不珍惜劳动成果、不想劳动、不会劳动的现象，劳动的独特育人价值在一定程度上被忽视，劳动教育正被淡化、弱化"。所以党和国家明确要求大学生急需具备扎实的劳动知识、过硬的劳动技能、正确的价值观念和积极向上的劳动精神，才能够应对社会发展过程中出现的一些与劳动相关的问题。《意见》当中对大学生劳动教育现状的论述，就是为新时代大学生劳动教育的发展敲响警钟，创新发展大学生劳动教育迫在眉睫。

2020年7月7日，教育部研究制定了《大中小学劳动教育指导纲要（试行）》，指出："劳动教育是新时代党对教育的新要求，是中国特色社会主义教育制度的重要内容，是全面发展教育体系的重要组成部分，是大中小学必须开展的教育活动。"为新时代高校学生劳动教育的创新发展研究提供了理论定位和行动指导。所以，新时代大学生劳动教育的创新发展研究是基于党和国家对高校学生劳动教育的价值定位所提出的，是对党和国家提出的高校学生劳动教育方针政策的积极响应，也是学习关于高校学生劳动教育方针政策的客观需要。

二、研究意义

1. 理论意义

首先，对劳动教育的研究有利于进一步准确把握劳动教育的内涵及本质。在我国，目前劳动教育仍是个含糊不清的概念。劳动教育并不是单纯字面上的"劳动"和"教育"两个词的组合，不能单纯地理解为体力劳动任务，而是以劳动为载体开展的一种教育，其实质注重的是一种教育，是在劳动的过程中经过体验而形成的一种教育。高等学校劳动教育不仅是让大学生拥有良好的劳动意识和习惯，优秀的劳动品质和能力，更应该注重其教育过程中的育人性，即对大学生全面发展的促进。其次，对劳动教育的研究有利于进一步加强劳动教育在德、智、体、美、劳"五育"中的联系及地位，劳动教育同时可以在德、智、体、美四方面对大学生进行全面发展的完善与促进。最后，新时代高等学校劳动教育的研究有助于结合新的时代需要，在新的时代背景下，对高等学校劳动教育进行理论和实践的进一步发展，对我国的高等学校教育理论系统进行进一步的完善。

第一，有益于传承劳动基因。本书针对新时代背景下的高校劳动教育，是追根溯源、与时俱进的劳动教育研究，更好地理解、传承和运用马克思主义关于劳动和劳动教育的重要理论，深刻认知中国共产党历代领导集体关于劳动教育的重要论述，在中华优秀传统文化中汲取丰富的劳动教育思想，从而不断传承劳动基因，开展劳动实践，践行劳动精神，把劳动融入学生成长血脉之中，成为个人不可缺失的显著基因。

第二，有益于拓宽研究视野。本书着眼理论逻辑、历史逻辑和现实逻辑三逻辑脉络，聚焦国家、社会、高校、家庭、个人五个维度，充分认识劳动教育所蕴含的重大意义、理论源流和现实根基，领悟劳动教育科学内涵，分析高校大学生劳动教育现实表现和真实状态，探索劳动教育的对策机制，把劳动教育作为一项事关大学生的基础性、系统性工程，着眼全局来认知、分析和解决问题，有利于进一步深化对大学生劳动教育的思想认知和理论研究，立足新时代背景下，回应时代之问，破解时代之题。加强高校学生劳动观教育研究，提出一系列劳动教育的创新理念，探索构建适应当前形势需要的高校劳动教育目标和内容，设计出一系列有效的劳动教育途径，使高校学生树立起正确的劳动观，在一定程度上可以弥补当前高校学生劳动教育理论的欠缺，从而有力地推进高校学生劳动教育理论的发展。

第三，有益于丰富研究成果。本书是以新时代高校学生劳动教育的相关概述为出发点，以新时代高校学生劳动教育内容为基本点，以若干高校学生劳动教育调研现状、采取的对策机制为核心点，以新时代高校学生劳动教育的当代意义为切入点，其研究进一步丰富了高校学生全面发展的理论成果，丰富了高校劳动育人的实践成果，为日后他人研究提供参考与借鉴。

2. 现实意义

第一，为高校学生成长成才提供实践方案。劳动教育是高校学生全面发展的重要组成部分，而且不单单局限于高校劳动教育，而是贯穿于国家、社会、家庭、个人之中的方方面面，尤其对于高校学生成长成才至关重要、意义重大。开展劳动教育能让学生转变劳动观念，在劳动中自我教育、自我改变、自我塑造，锤炼勇于攻坚克难、吃苦耐劳的优秀劳动品质，促进养成良好的劳动习惯，传承劳模精神、工匠精神等社会主义核心价值观念，培养集体主义的劳动情感。能让学生在实践的广阔天地中磨炼意志品质，在劳动的大熔炉中淬炼精神风貌，展现青年人应有的精神风采。

第二，促进高校学生的全面发展。正确的劳动观是大学生全面发展的重要组成部分，劳动观教育对实现人的全面发展的教育目的具有不可估量的作用。如果说在进入大学之前，一些中小学校教育是以升学为目的，更多强调知识的学习、智力的发展的话，那么，学生进入大学这样一个相对宽松的平台后，就更应该以全面发展为目标，强调劳动观教育的重要性，因为劳动可以使人获得直接的知识、技能和积累丰富的经验，还可以使人把各种知识、技能、经验、教训融合起来产生质的飞跃，创造出新的智力成果和物质产品。劳动可以使人的身心、智力、思想、才干得到全面发展，是青年学生健康成长和实现社会化的基石。因此，劳动的发展是大学生全面发展的一个重要组成部分，大学生劳动观正确与否很大程度上可以作为衡量大学生是否全面发展的标尺。前苏联教育家苏霍姆林斯基曾经指出："一个人的和谐全面发展、富有教养、精神丰富、道德纯洁——所有这一切，只有当他不仅在智育、德育、美育和体育素养上，而且在劳动素养、劳动创造素养上达到较高阶段时，才能做到。"因此，坚持和加强高校学生劳动意识的培养，教育他们继承和发扬热爱劳动的传统美德，使他们树立正确的劳动观，并在劳动中教育自我、改变自我、重塑自我，形成吃苦耐劳、不怕劳动、乐于劳动的优秀品格，对于促进高校学生的全面发展具有十分重要的意义。

第三，促进"三爱"教育工作的顺利开展以及社会主义核心价值观的培育和践行。"三爱"教育是"爱学习、爱劳动、爱祖国"教育的简称，其中，爱劳动是"三爱"教育的一个重要内容，也是社会主义荣辱观的重要组成部分。与此同时，社会主义核心价值观立足于公民个人层面提出了"爱国、敬业、诚信、友善"的价值准则。这里虽然没有直接提到劳动，但劳动是实现敬业的基础，敬业的实现是以正确劳动观的确立为前提的，而正确劳动观的确立很大程度上是依靠劳动观教育来实现的，因此，加强高校学生劳动观教育研究在一定程度上也可以促进"三爱"教育工作的顺利开展以及社会主义核心价值观的培育和践行。

第四，促进高校创新创业活动的顺利开展。党的十八届五中全会指出："要不断推进理论创新、制度创新、科技创新、文化创新等各方面创新，让创新贯穿党和国家一切工作，让创新在全社会蔚然成风……激发创新创业活力，推动大众创业、万众创新。"高校学生作为社会主义事业的建设者和接班人，更应该积极响应这一政策，早在 2015 年 5 月，国务院办公厅就印发了《关于深化高等学校创新创业教育改革的实施意见》并指出，为鼓励高校学生创业，今后将允许高校学生调整学业进程、保留学籍休学创新创业。这些政策文件的出台，足见对大学生创新创业活动的重视，而正确的创新劳动观的确立是实现创新创业的重要基础。这是因为"如今的中国，已经进入了追求技巧劳动、脑力劳动、知识劳动等靠创造性劳动而带来人类进步与发展的时代"，因此，在这样一个知识创新、科技创新、管理创新、服务创新的时代，加强高校学生劳动教育研究，使高校学生树立正确的创新劳动观，在一定程度上也有利于创新创业活动的顺利开展。

第五，端正高校学生的就业态度。随着国家经济的发展和社会的不断进步，我国高等教育也得到了长足发展，高校毕业生的人数逐年上升，高校学生就业难的现象也越来越突出。究其原因，不是社会不需要人才，也不是没有足够的岗位，而在很大程度上是由于高校学生在就业过程中所表现出的劳动观有失偏颇。确切地说，高校学生就业，就是参与社会不同分工的劳动，而高校学生对劳动的认识在很大程度上指导着其参与劳动的行为，影响着他们的择业和就业。当然，现阶段高校开设的《职业生涯规划》《就业指导》《职业形象设计》等课程可以教给学生应对就业过程中出现的自我定位过高、心理自卑、盲从攀比、心理调适等方法，然而，要从根本上解决高校学生就业难的现象，则必须加强高校学生的劳动教育，从思想上对高校学生进行引导，使他们树立正确的劳动观念，端正其就业态度，这样才能达到引导高校学生各就其位、各尽其才，积极主动地适应社会各行各业需要的目的。

总之，高校劳动教育的开展不仅能让学生学到劳动技能和本领，更能令其从思想和心灵上受到启迪与磨砺，从而形成健全完善的人格，不仅仅是使其成为德、智、体、美、劳全面发展的人才，更是让个体生命的潜能能够得到自由、充分、全面、和谐和持续的发展，因为这是今后生活的需要，也是未来生存的需要，更是让其生命更好发展的需要。

第二节　国内外研究现状

一、国外研究现状

在劳动教育研究方面，国外学者早期多是在文学作品中阐述对劳动教育的认识，渗透劳动教育思想。早期空想社会主义思想家、英国学者托马斯·莫尔在西方教育史上第一次论述了劳动教育问题，他在其著作《乌托邦》中指出劳动是生活的必需品，提出了教育与农业、手工业劳动相结合的思想。他重视体力劳动和脑力劳动的结合，主张人人劳动，他还重视对儿童进行劳动教育，提出儿童从小就应该学习农业知识，并到农场里进行实践。英国空想社会主义者罗伯特·欧文主张将教育和生产劳动结合。他认为教劳结合可以促进人的德、智、体的全面发展，能够改变"脑体分离对立"的现状，实现一种"理想世界"。他认为脑力劳动应与体力劳动相结合，这是"自然的价值标准"。资产阶级经济学家约翰·贝勒斯也是教劳结合思想的拥护者，他在《关于创办一所一切有用的手工业和农业的劳动学院的建议》中批判了当时社会的教育与分工，提出了建立"劳动学校"的想法，认为教育要同生产劳动相结合。18世纪，法国思想家卢梭在《爱弥儿》一书中提出，"劳动是社会的人不可豁免的责任，任何一个公民，无论他是贫或是富，是强或是弱，只要他不干活，就是一个流氓。"他也重视脑力劳动和体力劳动的结合，他强调："教育的最大秘诀是使身体锻炼和思想锻炼互相调剂。"他认为劳动是人实现自由的条件，通过劳动人可习得生产技能，同时锻炼人的思想品质。19世纪，瑞士教育家裴斯泰洛齐主张将教育与生产劳动相结合，强调了劳动教育对人的全面发展具有重大意义。他通过自身创办学校，亲自开展劳动教育实践，积累了宝贵的现实经验，对西方的教育产生了重大影响。黑格尔认为劳动创造了人的自我意识，但是劳动并不是本能。他在《精神现象学》一书中指出，劳动是一种"精神的方式"。前苏联教育家安·谢·马卡连柯对劳动与教育的关系有深刻的认识，他指出："正确的教育，如果不是劳动教育，那完全是不可想象的。劳动永远是人类生活的基础，是创造人类生活和文化幸福的基础。"因此，作为人类劳动品质教育的劳动教育，不仅是衡量好的公民或不好的公民的教育，同时也是决定将来公民水平及幸福的教育，他还深入阐述了劳动教育与德育的关系，他认为劳动在培养人的能力的同时，还可以培养道德修养。在劳动教育研究方面，苏霍姆林斯基可谓是集大成者，他认为劳动教育是对年轻一代参加社会生产的实际训练，同时也是德育、智育和美育的重要因素。同时，他还提到了劳动教育的最佳时间是儿童时期，他说："孩子在懂得劳动的社会意义之前应当感受到，没有劳动就不可能生活，劳动能带来快乐，能充实精神生活。我们竭力使劳动在幼年时期就进入儿童的精神生活。我们分析我们周围生产环境中种种劳动过程，并从中找出某些东西来具体而又清晰易懂地向孩子们揭示劳动的社会意义和创造意义，向他们说明，他们是在参加为社会创造物质财富的活动。孩子便能体验到自豪感、荣誉感和尊严感，从而劳动也就进入了他的精神生活。"此外，苏霍姆林斯基把劳动教育提高到相当高的高度，他认为："我们是紧密联系德育、智育、美育来看待劳动教育的。我们认为学校教育的使命就在于，要使劳动进入个性的精神生活、进入集体的生活，要使热爱劳动早在少年时期和青年早期就成为一个人的最重要的品质之一。"小西重直认为："精神劳动与筋肉劳动，在教育上是不可分的，凡是劳动，均可说是精神与筋肉的劳动。在劳动时，精神与筋肉是不可分割的，离开精神劳动的筋肉运动，乃是机械的运动，而不是真正的劳动。"

国外关于高校学生劳动教育的研究更多侧重于劳工组织、劳资关系等方面的教育。关于劳工教育的含义，埃德温·怀特指出，劳工教育有两层含义，狭义上是指工人教育。卡洛林·威尔在他的书中提到，劳动教育就是让工人了解他们的经历、他们自身存在的问题和今天时代的主题，使他们能够很好地发挥作为工会成员和公民的作用。广义上还指在劳动合同中产生的、与工人相关问题的教育和研究。因此这个意义上的劳动教育就不仅仅是指让工人能够有力地发挥他们作为工会成员和公民的作用，而是要让学生了解来自他们家庭或者以后工作中会遇到的劳动问题。这就包括对大学生进行有限的劳动技术教育，更为重要的是让他们和成人一样，了解相关的一些劳工问题。这种教育不是为了培养劳动方面的专家，而是让他们以后能够更加理智地处理在职业生涯中遇到的一些问题。

关于劳工教育的目的，杰拉德·格莱德指出，大学生即将成为工会成员，对他们的劳工组织、劳资关系掌握情况进行调查有利于促进他们对工会的了解。同时，通过调查大学生对工会运作的有效性、工作权等方面的态度，对工会做出一个适当的评价。有研究者认为，技术领域的教育目标是为了满足生产和劳动市场的需要，应结合学生的专业和自身兴趣爱好，为学生将来能够做出对社会有益的劳动做好准备。他还指出，一般来说，教育领域的技术教育包括，为了培养学生劳动力的发展，要使用劳动工具的训练。同时，在劳动市场和专业的前提下，提供有效的专业指导，让学生得到全面综合的教育。也有研究者认为，劳动教育已有50多年的历史，但是无论是工会、大学还是学院，对劳动教育的功能都没有达成共识。大学或者学院的劳动教育是和高等教育相关机构连接在一起的，成为为劳工组织提供需要的一种方法、一种技术、一种传输系统。大学或者学院的劳动专家，不仅仅是劳动技术方面知识渊博的老师，而且还是工会中的分析家、专家和技术人员。一方面，为满足组织和成员的需要，要去发现和探索；另一方面，为满足教育的需要，还要和大学里面的同事一起努力。

关于劳工教育的方法,埃里卡·威尔指出,对于劳动组织持中立态度的大学生,可以在教学活动时设计教学对话,这样可以鼓励与会者表达自己的观点,进行书面和口头交流,以提升他们对于劳动组织的理解,增强他们对劳工组织的态度。罗纳德·彼得斯指出,菲律宾劳工教育是在大量的组织和机构领导下运作的,它涵盖范围比较广,包括工会组织、集体谈判以及劳动法等相关内容,经常延伸到政治意识的提高和经济的发展,包括类似于种植蔬菜这种为提高个人的发展,扫盲、增加收入等组织的活动,参加会议和学术研讨会也属于劳动教育活动之列。约翰·霍尔福德认为,劳工教育产生于工人为争取政治、工业和社会解放的运动中,然而近年来,政治因素在学术研究中逐渐淡化,劳工教育方面的文献更多的是关于劳动技术的研究,比如,教与学的方法,以及组织和管理的各种计划。

马克思在继承和批判前人劳动教育思想的基础上,重新科学地阐释了教育与生产劳动相结合的思想,并强调教劳结合是"造就全面发展的人的唯一方法",是"改造现代社会的最强有力的手段"。恩格斯提出了"劳动创造了人本身"的著名论断。马克思与恩格斯的劳动教育思想在很大程度上影响了我国学界对劳动教育的研究和探索,此后,教育与生产劳动相结合也成为我国的重要教育方针之一。列宁继承并发展了马克思和恩格斯的劳动教育思想,他指出资产阶级教育的弊端之一是教育与生产实际相脱离,并提出坚持教育与生产劳动相结合是社会主义现代化建设的需要,是对综合技术教育理论和实践的丰富与发展。

在劳动教育的现实开展方面,国外的很多国家都注重通过立法来保障劳动教育的实施,通过合理设置课程来加强对学生的劳动教育。一些国家通过研究设计科学的劳动教育实践环节,来提高学生的劳动素质,培养学生正确的劳动观。还有一些国家建立了完善的劳动教育教师培训体系,通过职前培训和在职培训提高劳动教育师资队伍的力量和素质。这些实践对于我国大学生劳动教育的开展具有较大的借鉴意义。

通过对国外劳动教育相关研究成果的梳理可以发现,国外较早即开始对劳动教育进行理论研究和实践探索,并且特别注重发挥劳动教育对人的全面发展的重要作用。在开展理论研究的同时,也在劳动教育实践方面进行了大量的探索,为劳动教育理论和实践的发展提供了大量有益的宝贵经验。虽然国外在劳动教育理论和实践的研究方面较为成熟,但是也有其时代和阶级的局限性,在吸收借鉴的同时,也要注意是否符合我国社会经济发展的实际情况,做到取其精华,去其糟粕。

二、国内研究现状

1. 关于马克思劳动观的研究

马克思劳动观是科学的思想,深化对马克思劳动观的研究有助于坚定高校学生劳动教育培养的方向,适应新时代劳动发展的要求。第一,对劳动异化的研究。马克思异化劳动理论是马克思劳动理论的开端。王德峰认为:"作为人的生存之历史性的实践概念,正是历史唯物主义的基础性概念,而这样的实践概念正是起源于异化劳动学说。"关于异化劳动产生的根源,韩庆祥认为:"分工是私有制、异化劳动产生的前提条件,而私有制(包含分工制度)才是异化劳动产生的直接原因或根源,没有私有制,单独分工不能产生异化劳动,而没有分工,单独私有制也不能产生异化劳动。"可见,他认为用私有制和分工共同作用是马克思认为的异化劳动的根源。第二,对劳动与人的关系研究。恩格斯指出:"劳动创造了人本身。"那么劳动和人的关系就成为讨论的问题之一,即"劳动创造了人"与"劳动是人的本质特征"两者之间存在矛盾的问题。猿在进化的过程中还不能称为人,因为劳动是人的本质,那么如何创造人?赵寿元认为解决这个矛盾只能是劳动选择了人,不是劳动创造了人。朱祖霞用劳动过程来解决这一矛盾,她把人类形成的劳动称为"真劳动",在"真劳动"之前经历了劳动形成的原始阶段。第三,对劳动价值论的研究。我国早期研究马克思劳动价值论的有林、郑新立等对马克思劳动价值论的来源进行了追溯和界定,对马克思主义理论创立过程进行了研究,批判了资本主义经济学家劳动理论错误,结合我国社会主义现实说明价值规律在我国的作用,提出应该建立适应社会主义的价格管理体制。在我国改革开放之初,马克思劳动价值论经历了一元论和多元价值论之争。一元论认为非劳动生产要素不能决定价值,代表人物是苏星。多元价值论代表人物谷书堂认为,任何一种经济理论都是由于能够解释现实经济生活而获得存在的价值。在当前中国特色社会主义市场经济体制下,卫兴华运用马克思劳动观阐述了劳动论与劳动价值论、财富论与价值论的关系,认为在当下需要深化对马克思劳动价值论的认识,明确科技工作特别是高科技工作在生产中能够创造出更多的价值。为了能在新时期对劳动有更深入的认识,鲁品越把劳动分成两个层次,分别是常规劳动和创新劳动。他认为马克思劳动价值论逻辑包括这两个层次的劳动。常规劳动是通过消耗劳动者自身的生命为他人服务的商品而建立社会关系的微观过程,不改变"社会历史时间"。创新劳动虽然也是微观个体的劳动,但是却能通过改变社会正常生产条件的宏观的"社会历史时间"来实现。就是将创新性劳动成果向全社会生产解构的渗透来实现。另外,伴随着社会生产力的发展,环境污染威胁着人类的生存,马克思关于生态劳动的观点也逐渐引起了学者们的关注。

2. 关于大学生（这里的大学生泛指高校学生，下同）劳动教育内涵的研究

曲霞、刘向兵（2019年）指出，新时代高校劳动教育是"对大学生进行系统的劳动思想教育、劳动技能培育与劳动实践锻炼，全面提高大学生劳动素养的过程，其目的是引导新时代大学生在劳动创造中追求幸福感，获得创新灵感，培养具有社会责任感、创新精神和实践能力的高级专门人才"。檀传宝（2019年）提出，劳动教育是"以促进学生形成劳动价值观（即确立正确的劳动观点、积极的劳动态度，热爱劳动和劳动人民等）和养成劳动素养（有一定劳动知识与技能、形成良好的劳动习惯等）为目的的教育活动"。张欣（2020年）提出，高校的劳动教育是"通过课堂教学与实践教学等多种形式把满足时代特征且具有生产性、生活性与服务性的劳动教育内容传递给大学生，并让其获得正确的劳动价值观、宝贵的劳动品质与综合的劳动素养"。苏鹏举、王海福（2020年）指出，新时代大学生劳动教育是指以树德、增智、强体、育美的综合育人价值理念为导向，坚持以目的性、教育性、针对性、实践性和效益性为原则，整合政府引导、社会参与、学校主导、家长支持、大学生自身提升等各方协同创新力量，并有计划、有目的地组织当代大学生全员、全程、全方位参与日常生活劳动、生产劳动和服务性劳动，让大学生深知劳动最光荣、劳动最崇高、劳动最伟大、劳动最美丽的深刻道理，培养新时代大学生掌握劳动基本知识、形成劳动关键能力、生成劳动必备品格、树立正确劳动价值观和良好劳动品质、自觉践行社会主义核心价值观的实践教育教学活动。孟国忠（2019年）提出，劳动教育是人类获得物质资源和精神价值的实践活动，有助于培养人们自我服务的能力、积极的劳动态度，以及尊重劳动、尊重劳动人民的情感。崔友兴（2020年）提出，劳动教育是促进大学生积极的劳动价值观培育和劳动素养形成的教育活动。王逸凡（2020年）提出，新时代大学生劳动教育是"加强对大学生的马克思主义劳动理念、劳动价值、劳动精神、劳动习惯等内容的灌输和传授，使大学生不仅能习得充足的劳动知识、树立劳动光荣的观念、体会劳动精神的可贵，而且能具备基本劳动能力来满足自身生存发展、培养良好劳动习惯以修身养德的一种教育实践活动"。温晓年（2020年）提出，高校劳动教育就是指高校结合大学生的成长特点、专业特性，培养大学生具备与社会先进生产力发展要求相适应的劳动价值观、劳动能力和劳动素养的教育过程。目前在我国大学生劳动教育仍然是一个含糊不清的概念，学术界尚未给它一个明确的定义，学者们众说纷纭。总体来说，目前学者大多从目的、内容、形式三个方面阐述大学生劳动教育的内涵。

3. 关于大学生劳动教育内容的研究

黄晨、华启和、宋月婵、张发祥（2020年）指出，大学生劳动教育的内容是开展马克思主义劳动观、择业观教育，开展尊重劳动人民的情感教育，开展辛勤劳动、诚实劳动、创新劳动的劳动精神培育。楼锡锦（2000年）指出，劳动教育的内容包含劳动观、劳动品质、劳动知识和技能以及劳动习惯的教育。陈龙山等（2020年）提出，新时代大学生劳动教育的基本内容主要包括生产技术劳动教育、社会公益劳动教育、自我服务劳动教育、创新创业实践教育。徐长发（2015年）认为，劳动教育包括劳动思想观念、劳动技术知识和劳动技能的教育。彭泽平、邹南芳（2020年）指出，高校劳动教育的内容主要包括：一是加强马克思劳动观和习近平总书记关于劳动与劳动教育系列内容的学习；二是重视现代科学技术内容的融入，增添与学生专业和就业相关的科技前沿知识及技能；三是加强现代社会精神的教育，包括环境意识、时间与效率观念、新形式劳动、劳动与自然、职业精神、劳动法律、国际劳动相关知识等。当前对大学生劳动教育内容的研究，学者们意见并不统一，主要是源于大学生主体身份以及学段存在的特殊性。有学者认为劳动教育主要是劳动观、劳动精神培育，偏向价值观念的研究；有学者从大学生劳动实践类型出发，更多偏向劳动技能培育；有学者从综合的角度出发，涵盖观念、知识、技能和习惯等方面的教育。

4. 关于大学生劳动教育的特征研究

王莹、王涛（2020年）提出，大学生劳动教育既具有劳动教育的一般性和普遍性，也因大学生这一特殊的主体而具有其特殊性。崔友兴（2020年）从劳动教育的具身性、整体性、生成性、情境性等方面分析了大学生劳动教育具身转向的表征。李嫣妮（2020年）提出，高校劳动教育具有时代性、综合性、实践性、多样性的特征。檀传宝（2019年）提出，劳动教育具有普通教育的特征，具有价值教育的属性，具有强烈的时代特征与社会属性。沈军军（2020年）指出，劳动教育作为大学生的必修课，有其自身的实际特点：一是知识与实践的密切结合；二是脑力劳动与体力劳动互为存在；三是技能与价值观需要同时培育，学校和社会需要共同关注。李雨（2020年）指出，新时代大学生劳动教育具有创新性、时代性、实践性等内在特征。徐长发（2020年）提出，"以劳树德、以劳增智、以劳强体、以劳育美、以劳创新"，是新时代中国特色社会主义劳动教育的重要特征。在劳动教育的特征方面，学者们比较统一的观点是劳动教育具有时代性和实践性，以及它本身的普遍性和特殊性。笔者认为新时代大学生劳动教育的特征主要体现在特殊性和普遍性、理论性和实践性、内容和形式相结合、历史和时代相结合等方面。

5. 关于新时代大学生劳动教育的机制研究

杨素云（2012年）提出，要完善劳动教育的监督和考核评价机制，进而完善劳动教育的体制和运行机制，要制定专门的劳动监督制度，要制定科学规范的劳动评价标准，实行定岗、定责、定任务的考核办法，把劳动成绩与综合测评挂钩。茹丽燕（2020年）提出，要加强顶层设计，创新劳动教育体制，以教育全局的视野，在制度层面统筹规划并构建科学稳定的劳动教育机制，结合时代特征、专业特色、学生特点进行劳动资源配置、人力物力配备，避免劳动教育"一刀切"。尤丽佳、张永翊（2020年）提出，劳动教育要坚持持续性和长期性，努力构建日常教学活动中的劳动教育与专项的劳动教育相融合的长效机制。王洋（2020年）提出，要着力构建高校、家庭、社会"三位一体"的协同育人机制。刘向兵、赵明霏（2020年）提出，通过思政劳育、专业劳育、实践劳育、课程劳育、学术劳育五种劳育的合力，将劳动教育纳入高校人才培养的各环节中，贯通于高校思想政治工作体系、学科体系、教学体系、教材体系、管理体系中，构建新时代高校劳动教育体系。在机制研究方面，学者们更多的是聚焦于课程体系、评价机制等方面，也有学者从高校、社会、家庭协同育人的角度展开研究和论述，研究的系统性在不断加强。

6. 关于新时代大学生劳动教育的价值研究

王莹、王涛（2020年）提出，加强劳动教育能够将我国的人口优势转化为强大的发展效能，可以更有效地推进"五育并举"，可以更好地促进全面发展。孟国忠（2019年）提出，劳动教育有利于坚定大学生的理想信念，有利于激发大学生立志成才的动力，有利于提升大学生的实践能力，有利于提升大学生的幸福感。韩天炜（2020年）提出，大学生劳动教育能够契合大学生与个人、自然、社会之间的关系，能够契合政治、经济、文化发展的需求。王丽荣、卢惠璋（2020年）提出，劳动教育具有奠基中国梦、完善育人体系、打造时代新人的时代价值，具有创设劳动氛围、提升劳动审美力的人文价值。罗建晖、高廷璧（2020年）提出，加强劳动教育是落实"立德树人"根本任务的重要抓手，是促进青年学生全面发展的必然要求，是实现中华民族伟大复兴的应有之义。靖庆磊（2020年）提出，劳动教育是新时代高校学生实现全面发展的必要之法，是新时代高校学生实现个人梦想的重要途径。宋紫月（2020年）提出，新时代加强高校劳动教育，彰显劳动教育本质属性与育人功能的内在要求，是促进大学生全面发展的重要途径，是实现高校立德树人的客观需要，是实现中华民族伟大复兴中国梦的现实需求。在价值研究领域，学者们的研究多数集中在劳动教育对国家民族复兴、高校立德树人、个人全面发展的重大意义方面，相对来讲还不够全面系统。加强新时代大学生劳动教育的价值应该从国家、社会、高校、家庭、个人五个方面去阐述。

7. 关于新时代大学生劳动教育的现状研究

裴文波、岳海洋、潘聪聪（2019年）指出，当前大学生劳动教育存在劳动价值取向功利化、劳动态度趋于消极化、劳动意志呈现曲线化、劳动能力日益削弱化的现状。王洋（2020年）提出，高校劳动教育存在"教育观念一定程度上存在偏差、课程设计一定程度上存在缺失、活动载体一定程度上尚存不足、教育成效一定程度上不甚理想"的现状。尹者金（2019年）提出，我国高校劳动教育的现状主要表现在三个方面，一是劳动教育内涵认识缺位，二是劳动教育实践定位不准，三是劳动教育的校园氛围缺失。时忆宁（2020年）提出，劳动教育价值虚化、劳动教育机制弱化、劳动教育氛围不足是高校劳动教育面临的挑战与困境。宋君阳（2020年）指出，随着国家和教育部门对劳动教育的不断重视，劳动教育的相关思想和理念不断提出，劳动教育较以往的地位有所提高，劳模精神、劳动模范等给大学生提供了良好的学习内容和典范。目前高校的劳动教育主要存在于一些理论课和实践活动中，例如在思政课中可能会涉及一些劳动教育的内容。学校为学生提供的勤工助学岗位、专业实习、学生组织工作等活动中蕴含劳动教育元素，从效果上看远远不够，劳动教育在高校中可有可无的现状令人深思。但是也可以看到，随着国家重视起来，发布了相关文件之后，高校对劳动教育也逐渐重视起来，开始研究劳动教育实施的机制体制，重新对劳动教育在人才培养体系中的作用和地位进行定位。因此，在现状研究方面，虽然学者们大多是从劳动教育存在问题的角度去展开论述，从负面的角度去形容当下的劳动教育现状，但是也有个别学者开始从积极的角度去论证劳动教育在当前我国取得的进步和成效。

8. 关于新时代大学生劳动教育的问题研究

王怡航（2020年）指出，大学生劳动教育存在片面化、简单化、功利化的问题。王飞、车丽娜、孙宽宁（2020年）提出，高校对劳动教育的重视程度不高、劳动教育内容的系统性有待加强、劳动教育实践的科学性有待提高是当前高校劳动教育存在的主要问题。刘悦丹（2020年）指出，我国高校劳动教育当前存在的主要问题是缺乏劳动教育理论课程体系化，缺乏形式创新多样、科学合理的劳动教育实践教学，缺乏劳动教育考核评价机制。赵曙光（2020年）指出，高校劳动教育存在的问题和不足主要是教育方针落实不到位、家庭社会支持不到位、大学生劳动锻炼缺位。汪萍（2020年）指出，高校劳动教育发展的外在服务性目的明显，缺乏对劳动教育本身内驱力的思考，高校在生产劳动融于社会实践课的过程中出现了去中心化的问题，在全面发展要求中，高校仍呈现出"劳动"短板与"断档"局面。在问题研究上，学者们主要集中在高校层面，对高校劳动教育存在的问题展开论述，但从现实角度去看是失之偏颇的。大学生劳动教育存在的诸多问题，绝不是高校一个层面的问题，而是国家、社会、高校、家庭、个人五个要素耦合而产生的。这是一个时代问题，更是一个复杂问题。

9. 关于新时代大学生劳动教育的对策

彭泽平、邹南芳（2020年）指出，要构建系统化的高校劳动教育内容体系，构建优质化的高校劳动教育课程体系，构建全方位的高校劳动教育保障体系。耿纪莹、高焱（2020年）指出，要开展劳动教育课程，挖掘高校劳育资源，根据各专业的实际和特点制定劳动教育考核评价标准和激励政策。陈阳（2020年）指出，要独立设置一套涵盖课程劳育、专业劳育和课外劳育的成熟的高校劳动教育课程体系；要加强制度机制建设，将劳动教育纳入高校人才培养方案；要构建社会、家庭、学校三方劳动教育联动机制。徐长发（2020年）提出，要建立宣传学习认同机制，要建立学校领导干部责任担当创新工作机制，建立劳动教育规范化机制，要建立劳动教育在大中小学各学段的贯通机制，要建立劳动教育在家庭、学校、社会各方面的贯穿机制。张威、王林（2020年）提出，要明确育人导向，突出树人"合力"；深化教学改革，突出课堂"活力"；增强价值引领，突出学习"动力"；汇聚优质资源，突出劳育"能力"。曲霞、刘向兵（2019年）从三重维度设计了新时代高校劳动教育体系的建构，一是核心层"五大目标体系"，二是中间层"三大任务体系"和"1+8实施体系"，三是外围层"3+1保障体系"。温晓年（2020年）提出，要构建系统化的劳动教育课程体系，构建全员性的劳动育人协同机制，构建专业化的劳动教育师资队伍，构建多元化的劳动教育实践平台，构建科学化的劳动素养评价制度。关于大学生劳动教育对策的相关研究主要集中在高校层面，通过加强课程体系、建设师资队伍、建立评价保障机制等方法提高劳动教育成效。但此类研究还不够系统和完善，最重要的是存在理论和实践脱节的问题，很多对策都比较抽象。另外，加强大学生劳动教育是一个系统问题，需要国家、社会、高校、家庭、个人五个层面协同联动，才能够真正解决大学生劳动教育地位弱化、目的异化、功能退化、观念虚化、价值淡化等问题。

综上所述，国内对于高等学校劳动教育呈现出多方面、多角度的研究，这将对我国劳动教育的进一步发展提供充足的理论依据。劳动教育已经成为当下的研究热点之一，研究视角、内容、成果在不断丰富，特别是习近平总书记在2018年9月10日召开的全国教育大会上明确提出"德、智、体、美、劳"全面发展的育人体系，再次把"劳"字与"德、智、体、美"并列，吹响了新时代劳动教育的号角。然而遗憾的是，自改革开放以来，我国有关劳动教育的专著却寥寥可数，这反映出劳动教育在我国教育体系中依旧处于不被重视的地位。而且通过整理这些零散的研究，也发现存在一些尚未涉及的方面：比如缺乏对劳动教育理论的深度分析；对劳动教育的研究多停留在思想政治教育的层面，而从教育学学科角度却没有过多的研究；对于新时代的劳动教育研究缺乏时代性和针对性；关于高校学生劳动教育的实践研究缺乏可操作性，一些学者提出的方法和对策比较抽象，难以真正运用到高校劳动教育的实际操作和建设中；大部分的研究只集中于对劳动教育的外在形式和德育方面，而对于学生群体的内在心理成长过程，如劳动教育有助于促进学生的全面发展、塑造健全的人格方面却没有过多关注；借鉴外国经验较少，极少有一手资料的研究，缺少开放性的视角认识等。

第三节 研究方法

一、问卷调查法

"没有调查就没有发言权。"实践出真知,实践成果离不开调研真实数据。问卷法是本书研究实证调查部分的主要方法,在厘清高等学校劳动教育的本质内涵后,针对内涵要点开展问卷设计,对高等学校学生特点进行分析,制定问卷题目,以安徽省部分高等学校学生为主要调查对象。有针对性地了解当前高等学校劳动教育的不足,为加强高等学校劳动教育实施对策的探讨提供选择的方向。问卷利用SPSS数据分析软件对调查结果进行分析,以数据的形式直观全面地反映高等学校劳动教育实践的状况。

二、访谈调查法

问卷是对调查问题"面"的了解,访谈是对调查问题"根"的探索。在本书研究中,影响高等学校劳动教育发展的一些因素可能在问卷中没有清晰展现,需要借助访谈。本书通过追问的方式进行深入分析,制定访谈提纲,选取部分高等学校学生和专职教师进行访谈,从访谈对象的行为和语言中获得有关高等学校劳动教育问题与对策的相关信息,为本书研究的论证提供有力材料,增强调查研究的有效性。

三、文献研究法

理论研究离不开文献资料,是需要汲取前人智慧结晶的。新时代高校劳动教育实践分析与发展创新研究亦是如此。研究论文时,充分利用互联网、书籍著作、期刊、报纸等方式广泛搜集查找政策文件和相关文献资料,认真研读国内外相关课题、论文和著作,整理比较、归纳提炼已有研究成果,从中借鉴经验、汲取营养,站在"巨人的肩膀上"开阔眼界、拓宽视野,重新梳理新时代高校学生劳动教育的核心观点、发展脉络、关键环节和现状审视,时常对比分析当前研究现状,力求从宏观处把握分析问题,从微观处深化研究问题,不断总结提炼新观点、新理论、新举措,为论文撰写奠定思想共识和理论基础,同时思考本书的创新突出之处。通过校内外图书馆、各种网络渠道以及研讨交流等方法,对高等学校劳动教育问题进行广泛的资料收集查阅,并对相关文献进行分类整理和筛选,认真研究有关高等学校劳动教育的前沿研究成果,希望能在前人的基础上做出更加深入的研究。

四、系统分析法

将目前高校学生劳动教育中存在的问题看作一个整体，然后整理所有有关联的问题，从而通过理论联系实际，分析出表面问题背后的根本原因，进而从理论和实践上探索高等学校劳动教育的合理改进措施。新时代高校学生劳动教育是一个有机整体，是一项基础性的系统工程。要用系统的方法来看待本书研究内容。要做到站位高、视角新，要着眼党和国家事业全局，详细谋划部署，要坚持整体与部分相统一，坚持系统思维，优化系统要素。要把新时代高校学生劳动教育放在高校教育、国家教育事业、党和国家大局、中华民族伟大复兴上来看，要把国家、社会、高校、家庭、个人作为新时代高校学生劳动教育这一系统内的关键要素来看。让本书内容既是整体的重要组成部分，又是可以单独成为整体的系统。

五、跨学科分析法

新时代高校学生劳动教育既是理论课题又是实践命题，内涵深刻且复杂，涉及多个方面，需要借鉴和采用多个学科、不同领域、多维视角来进行综合分析研究，做到清晰其价值、探究其内涵、明晰其特征、研析其对策。尤其是坚持以马克思主义理论学科为支撑点，运用法学、社会学、管理学、教育学等学科知识，力求做到全方位、多学科的综合分析运用，进一步深化新时代高校劳动教育实践分析与发展创新研究。

第二章

相关概念和理论基础

第一节 相关概念

对事物进行概念的界定,有利于对事物本质进行了解,把握事物研究的问题,才能更加深入地进行研究。本节对劳动、劳动教育、高校劳动教育、劳动观与劳动观教育进行概念界定,深入分析其本质内涵,为开展劳动教育提供理论基础。

一、劳动的概念

"劳动"一词对于人类来说十分熟悉,是一个需要永恒讨论的话题。但由于时代在不断地发展与进步,相应地,人们对于"劳动"一词的理解也在不断加深与丰富。因此,必须坚定打破现有思维,突破固化僵局,正确理解劳动的内涵。"劳动"是研究新时代劳动教育的核心概念,通过对劳动的多维度理解,才能更全面准确地理解劳动教育。以下主要从"劳动"的词源和学科领域两个方面来梳理。

第一,从词源来看。劳动最先被提出是在《庄子·让王》一文中,文中指出:"春耕种,形足以劳动。"该句解释为春天耕田种地,身体是完全能够承受这种劳动的,这里的劳动主要是指体力劳动。在《现代汉语词典》中除了表明劳动是体力劳动外,还指出包括脑力劳动。据《辞海》解释,劳动有三种含义,一是客套话,二是劳累、烦恼,三是利益换取。通过对第三层意思解释,可见劳动能够创造经济价值。《汉语大词典》中也明确指出劳动是人类用来创造物质和精神财富的一种活动。1999年《辞海》(缩印版)中指出,劳动是人们改变对象使之适合自己需要的有目的的活动,即劳动力的支出或使用是人类社会存在和发展的最基本条件。黄济教授指出:"劳动是人类特有的活动,是人类区别于动物的本质特征,是人类社会赖以生存和发展的基础。劳动是人类的本质特征,是创造社会物质财富和文化财富的根源。"这些话语都说明了人类社会、人自身和劳动这三者之间的密切关系。换句话说,劳动是人类的独特活动,可以创造人类社会并促进其发展。由"劳动"的词源分析可以看出,劳动并不是一成不变的,它是随着生产力的发展而不断丰富的,由最初的体力劳动呈现出包括脑力劳动在内的两种形态。

第二,从学科领域看。乌申斯基在《教学法原理》中提到,学习是劳动,而且应当永远是劳动,是充满了思想的劳动。人的一生伴随思想和劳动,劳动是平凡的、无闻的,却是永恒的。《中国大百科全书》(简明版4)中指出:"劳动在从猿到人的转变过程中起到了决定性的作用,劳动创造了世界,也创造了人类本身,使人把自己与动物区别开来。"可以看出,一方面劳动是区别人与动物的根本标志,人类通过劳动使自己从自然中抽离出来;另一方面人类劳动能够改造自然,还能改造自身,是带有目的、意义的实践过程,这是不同于动物本能的、无目的的活动。《劳动论》一书中指出,劳动是"劳动力、劳动文化、劳动物质三者在劳动中相互作用,形成一体,即劳动的形态"。从马克思主义劳动观思想看:首先在哲学领域,马克思认为劳动创造了人和世界,是人类社会赖以存在和发展的决定性力量;其次在经济学领域,指出劳动是创造价值的唯一源泉,劳动二重性、劳动异化说是其价值论研究的核心;最后是在教育学领域,马克思最终提出劳动的目的是为了解放人,实现人的自由而全面发展。马克思的劳动观思想至今仍然存在历史性价值。

"劳动"概念的变化是社会进步的一个重要表现。由不发达的生产力水平到随着生产力的发展,劳动成为追求更高生活质量的手段,劳动实现从单一的体力劳动转变为体力劳动和脑力劳动共同发展的新格局,使劳动形态不断由低级走向高级。通过对劳动概念的梳理,以下不再重新定义劳动,而是通过以上分析来进一步了解和审视劳动。不仅要把握劳动的本质意义,还要把握其外延变化,更要掌握新环境下劳动内涵的"变"与"不变"。

二、劳动教育的概念

建立在"劳动"一词解释的基础上,以下将根据功能、作用不同,分别从德育说、智育说、全面发展说三方面来理解劳动教育。

第一,德育说,即劳动教育是德育培养内容之一。《大辞海(教育卷)》中就将劳动观点和劳动态度作为教育的主要内容,重点突出学生劳动习惯和劳动技能的培养。同样,《辞海》中也指出:"劳动教育是德育内容之一,是对学生进行热爱劳动和劳动人民、珍惜劳动成果、树立正确的劳动观点和劳动态度、通过日常生活培养劳动习惯和技能的教育活动。""劳动教育是以劳动观点和劳动态度为主要内容的教育，旨在使学生热爱劳动和劳动人民、珍惜劳动成果、树立正确的劳动态度，通过日常生活培养劳动习惯和技能。"《中国教师新百科》和《中国大百科全书·教育》中同样都强调了劳动教育的德育属性。劳动教育是实现德育的内容，是依附德育而存在的。可见，劳动教育的智育价值并不突出。

第二，智育说，即劳动教育是智育培养内容之一。应用技能型人才是我国长期以来人才培养的主题，党的二十大报告强调要大力弘扬劳模精神和工匠精神，培养高素质技能人才。因此，在一定层面劳动教育也被作为知识与技术教育。成有信在《教育学原理》一文中指出："劳动教育是培养学生具有现代工农业生产的基本知识和基本技能的教育。"《教育大辞典》中指出：劳动教育旨在让学生获得工农业生产基本知识和技能。这些都侧重强调劳动教育的智育属性。但是，劳动教育并不是偏向于某一属性，也不能具体化为某个实践活动，它可以同时包含多个内容。正如黄济在《关于劳动教育的认识和建议》一书中指出："劳动教育是一个涉及范围很广，不甚确定的概念。就其基本任务而言，不外乎两大方面，一是劳动技能的培养；二是思想品德的教育。在学校的劳动教育中，常常是二者兼而有之。"从智育说可以看出，提出这些不同观点的学者在一定程度上同化了劳动和劳动教育。劳动是实现劳动教育的关键，但劳动教育不是多个劳动活动的简单堆砌。《教师百科辞典》中的定义是"劳动教育十分重视劳动过程中的智力因素，把平凡的劳动同创造性劳动结合起来，把简单的劳动与富有知识的劳动结合起来"。由这个定义可以看出，劳动教育从属于智育。

第三，全面发展说，即强调劳动教育的综合性教育。在许多观点中，劳动教育常被视为"做中学"的教育形式，并以此来实现学生综合性全面发展。陈勇军认为："劳动教育的本质含义是指通过参加劳动实践活动所进行的一种有目的、有计划、有组织的培养受教育者多种素质的教育活动，是融德育、智育、体育、美育为一体的全面提高学生素质的综合性教育。"苏霍姆林斯基指出："劳动教育是对年青一代参加社会生产的实际训练，同时也是德育、智育和美育的重要因素。"檀传宝教授指出："劳动教育是以提升学生劳动素养的方式促进学生全面发展的教育活动。"强调劳动教育的目的是促进个人发展的内在价值。

教育部关于《大中小学劳动教育指导纲要（试行）》中劳动教育的定义指出："劳动教育是发挥劳动的育人功能，对学生进行热爱劳动、热爱劳动人民的教育活动。当前实施劳动教育的重点是在系统的文化知识学习之外，有目的、有计划地组织学生参加日常生活劳动、生产劳动和服务性劳动，让学生动手实践、出力流汗、接受锻炼、磨炼意志，培养学生正确劳动价值观和良好劳动品质。"从这个定义中能够发现劳动教育有四个方面要素。首先要掌握劳动的知识与技能，其次要有劳动工具，再次是要进入真实情境进行劳动，最后是培育热爱劳动的观念。因此，劳动教育就是以教授劳动知识与技能为基本要素，重点是指引学生走进生活中真实的劳动环境，通过动手实践、锻炼，将学到的知识运用于实践当中，达到理论与实践相统一，进而实现培育学生热爱劳动、科学劳动的正确劳动价值观和推进劳动教育教学及实践工作，进一步发挥劳动的育人功能，培养学生崇尚劳动、尊重劳动、诚实劳动的良好品质。

从以上研究可知，一方面，劳动教育被视为关于德育或智育的教育；另一方面，劳动教育是一种教育形式，以实现其他方面素质的载体形式来完成教育任务。对于这一研究结论，在绪论部分也有提及。因此，从内涵上看，劳动教育是通过参与实践的形式，融德育、智育、体育、美育于一体的综合性育人活动。

本书认为，劳动教育并不是"关于谁的教育"或者是"通过谁的教育"，它是具有独立于其他"四育"之外的价值。为此，本书基于以上对劳动教育的内涵分析，从"劳动教育的独特育人价值"入手，紧扣"新时代"背景下教育新要求和高校人才培养特殊性，明确新时代大学生劳动教育应该是什么，教什么，要达到什么目的。新时代高校学生劳动教育是人才培养体系的一部分，是以劳动观念、劳动情感、劳动习惯和劳动技能等为主要内容，以培养有理想、敢担当、能吃苦、肯奋斗的新时代好青年，真正实现综合素质全面提高为目标的育人体系。

三、高校劳动教育的概念

高校劳动教育与劳动教育两者之间的概念，有不同但也有相通之处。劳动教育为高校劳动教育提供基础性作用，但是高校劳动教育具有限定的范围，主要指高校与大学生。曲霞和刘向兵（2019年）认为："新时代高校劳动教育是顺应新时代劳动发展趋势对大学生进行系统的劳动思想教育、劳动技能培育与劳动实践锻炼，全面提高大学生劳动素养的过程，其目的是引导新时代大学生在劳动创造中追求幸福感，获得创新灵感，培养具有社会责任感、创新精神和实践能力的高级专门人才。"在这段话中不难发现，培养高级的专业人才作为高校劳动教育的目的与任务，还要对其进行思想上的教育、技能上的培训和实践上的锻炼，指出了高校劳动教育开展的方向，对于理解高校劳动教育的概念具有指导效果。

大学生是我们国家未来的期望，担负着实现中华民族伟大复兴的使命任务。由此看来，笔者认为高校劳动教育是在高校中以立德树人为最终工作目标，让大学生进行创造性劳动，并具备目的性强、有完善计划且积极开展的教育活动。

四、劳动观与劳动观教育的概念

劳动观是世人对劳动的总体见解与主张，所属主观性的意识形态领域，与客观存在的劳动相比有区别。劳动与劳动观之间辩证统一，双方既彼此区别又有着割舍不断的关系。正如社会存在和社会意识之间的辩证关系一样，社会意识可以影响社会的发展，社会存在对社会的认识起着决定性的作用。劳动观念也可以指导人们的劳动行为，它反映了人们对劳动的看法。

劳动观是指人类对劳动的本质内涵、目的要求、价值意义、分工协作等的理解。劳动观首先影响劳动者是否愿意开展劳动的意愿以及如何开展劳动的态度；其次，劳动观能够直接指导着劳动者的行为；最后劳动观决定了劳动者的价值选择与判断。劳动者为什么要劳动、劳动者又为谁来劳动这两个问题，只能由劳动观来解决。正确的劳动观可以改变劳动者，由过去不愿意去劳动转变为积极自觉去劳动。而在我国，劳动观能够解答为什么要全心全意为人民服务以及如何全心全意为人民服务的问题，对人们的劳动行为素养、劳动精神素养有着重要的影响作用。

劳动观教育是思想政治教育的重要组成部分，主要是指教育者对受教育者进行有目的、有计划、有组织的教育活动，使学生在具有正确的劳动认知的基础上，具有热爱劳动和劳动人民的情感，养成尊重和珍惜劳动成果的品质，同时具有一定的劳动创新意识的教育。

劳动观教育和劳动教育是既相互联系，又有细微差别的两个概念。主要表现在：第一，劳动教育包含劳动观与劳动技能等方面的教育，劳动观教育是劳动教育的重要组成部分；第二，劳动技能等方面的教育是劳动教育的重要组成部分，然而，其并不在劳动观教育内容之列，它只是实现劳动观教育的途径和手段。也就是说，劳动习惯养成教育、劳动知识和技能的教育以及劳动法律法规等方面的教育一定程度上会促进劳动观教育的发展。正是由于劳动观教育与劳动教育有着如此的联系，因此，大多数研究者对这两个术语并未加以严格区分。《简明教育词典》对劳动教育是这样定义的："劳动教育，使受教育者树立正确的劳动观点和劳动态度，热爱劳动和劳动人民，养成劳动习惯的教育，是人德、智、体、美、劳全面发展的主要内容之一。"在这些研究中，劳动教育一定程度上是指劳动观教育，因此本书对两者并未严格加以区分。

第二节　理论基础

一、中华优秀传统文化中的劳动教育思想

"劳动"历来都是中华民族的传统美德和行为倡导，并始终贯穿于中华文化蓬勃发展的全过程，为新时代劳动教育提供了深厚的历史积淀。在中华民族五千多年历史中，已经形成了历史悠久、博大精深的劳动和劳动教育文化。如在古代神话传说、先秦诸子百家思想、古代文学创作中都蕴藏着丰富的劳动教育理论。

1. 劳动在古代神话故事中的体现

神话故事是古代劳动文化的重要组成部分，是劳动人民在长期认识世界和改造世界过程中，通过理论认知和劳动实践创造出来的文化样式，反映了人类对现实生活朴实而美好的情怀，寄托了追求美好生活的愿望。远古时代有各种各样的神话故事蕴藏着人们热爱劳动的高尚品质。例如：女娲补天、夸父追日、精卫填海、大禹治水、后羿射日等故事，体现着古代劳动人民勇于战胜自然、改造自然和不畏艰难、辛勤劳动的精神品质。这些故事告诉世人做事要有铁杵磨成针的毅力和恒心，只有辛勤耕耘，才有一番收获，才能建设美好生活。而在古人身上所体现的精神与现今所倡导的劳动精神、劳模精神和工匠精神更是一脉相承。

2. 劳动在先秦诸子百家中的体现

春秋战国时期呈现出百花齐放和百家争鸣的繁荣景象，劳动教育思想也呈现出百花齐放的态势。由于受到封建社会制度的影响，以孔子为代表的儒家学派在劳动观上存在重智轻德现象。孔子在《论语·卫灵公》中指出："君子谋道不谋食。耕也，馁在其中矣；学也，禄在其中矣。君子忧道不忧贫。"孔子认为，君子应该是谋求道而不是衣食，耕作只会带来饥饿，学习才能获得俸禄，这在一定程度上带有轻视劳动的倾向。后来孟子也讲到："劳心者治人，劳力者治于人"的观点，突出强调体力劳动与脑力劳动的差别。这些思想对人们的教育观念产生了深远影响，以致后来出现了"万般皆下品，唯有读书高"观念，认为只有读书才能提高自己的地位，而读书以外的行为都是低级的。墨子不同于孔孟思想，他十分看重体力劳动的重要性，正如在《非乐》中所言"赖其力者生，不赖其力者不生"，人们只有依靠辛勤劳动才能生存下来。后来庄子还描绘了形形色色的劳动者形象，如渔夫、工匠、庖丁等，并强调劳动者是不忘初心的"真人"，即他们在各行各业的生活和生产实践，是不以实利主义为目的的劳动实践。

3. 劳动在古代文学创作中的体现

《左传》有云："民生在勤，勤则不匮。"人民的生活、生计在于勤劳，只有努力劳作，才会拥有源源不断的物资。陶渊明在《劝农》中勉励人们要及时耕作，指出："相彼贤达，犹勤陇亩。矧伊众庶，曳裾拱手。"贤士之人尚且躬耕，普通民众更不应该手缩袖中，积极鼓励全员劳动。在一些文学创作中还体现了古代劳动人民劳作的辛苦状态，如在《归园田居》中写到的"晨兴理荒秽，带月荷锄归"，体现了农民早出晚归的景象；白居易在《观刈麦》中写到的"妇姑荷箪食，童稚携壶浆"描写了农忙时节，妇孺为农者送吃食的情景。一些文学作品还教育人们要懂得尊重劳动成果，懂得勤俭节约的道理，如李绅《锄禾》一诗中写道"谁知盘中餐，粒粒皆辛苦"。

4. 体现劳动教育思想的耕读文化

在五千年的历史长河中，勤劳的中华儿女在辛勤的农业生产劳动中通过自己的双手与汗水创造了灿烂的中华传统文化，在源远流长的中华传统文化中孕育了能够体现劳动教育思想的耕读文化。在我国古代，人们将"耕"与"读"完美地结合起来，创造性地提出了"半耕半读""耕读结合"的生活方式。"耕"指的是农耕，一般性的农业生产活动，特指田间劳作；"读"指的是用功读书，做好学问。昼耕与夜读的生活方式，即白天劳作和晚上读书，构成了我国特有的耕读文化。耕读文化的形成体现出我国古代最原始、最简单的劳动与学习相结合的教育思想，这种将学习与实践相结合的教育方式，为当下高校开展劳动教育提供了重要的理论基础。耕读不仅体现了一种半耕半读的学习与教育方式，而且展现出古人的理想抱负和价值追求。在我国，耕读文化于春秋战国时期最早出现，魏晋时期发展成熟，唐宋时期到达鼎盛，直到明清时期仍有延续。春秋战国时期出现了一批敢于打破封建礼教，敢于突破儒家传统思想的知识分子，他们提倡"以耕读传家，以耕读为荣"。如墨家学说创始人墨子就提出了"古之民未知为饮食时，素食而分处，故圣人作诲男耕稼树艺，以为民食"。鼓励自己的弟子积极地参与农业生产，在劳动中获得生存所需的食物。农家学派代表人物许行提出"贤者与民并耕而食，饔飧而治"，这一观点与儒家学派倡导的"君子谋道不谋食。耕也，馁在其中矣"的教育理念形成了鲜明的对比，前者肯定了耕读文化中蕴含的劳动教育思想对学习的重要推动作用，后者则否定了体力劳动对教育的积极影响。魏晋南北朝时期，耕读结合的生活方式受到众多文人墨客的喜爱，客观上影响了我国古代文学艺术的发展。晋代著名的田园诗人陶渊明，辞官隐居后过了二十多年的田园耕读生活，他留下的《归园田居》《归去来辞》等脍炙人口的诗篇，就是他多年坚持"耕读结合"生活方式的产物，这从侧面也反映出教育与劳动生产相结合的理念。明清时期，理学家张履祥在《训子语》中提出"读而废耕，饥寒交至；耕而废读，礼仪遂亡"，将耕作与读书提到了同等高度，认为耕作可以养家糊口，安身立命，读书可以知晓礼仪，修养身心，两者是互为补充的关系，不可顾此失彼，偏废一端，这也凸显出了劳动在教育中的重要地位。纵观我国古代耕读文化的发展可以了解到，传统的耕读结合其实就是原生态的劳动教育，虽然在那时古人并没有明确提出过劳动教育，但在今天看来，耕读结合的教育方式，就是当前素质教育中倡导的把学习和实践相结合的育人方式，这是古人留给后世的宝贵经验，值得挖掘和弘扬。

近代以来，我国著名教育家在关于劳动教育观点上也形成了自身的独特见解。如蔡元培先生指出："劳动是人生一桩最要紧的事体。"不劳而获违背自立的精神，是可耻的。陶行知先生提出的"生活教育思想"，以生活为中心实施劳动教育，他指出："马路、弄堂、乡村、工厂、店铺、监牢、战场，凡是生活的场所，都是我们教育自己的场所。"打破了传统课堂式的教育场所，认为生产和生活现场也是劳动教育场所。吴玉章在担任延安大学校长期间，就强调生产性劳动在教育中的重要地位，指出要"以有组织的劳动，培养学员的建设精神、劳动习惯与劳动观点"。晏阳初为拯救民族，提出了"农村运动"，即乡村改造运动，用来培养民族团结，如在农村提倡办合作社，既要提高农民收入，更要培养合作精神、合作技能，促进民族团结。他们的思想对探索现代劳动教育课程体系建设具有借鉴意义。

二、马克思主义的劳动教育思想

1. 马克思、恩格斯的劳动教育思想

关于劳动教育是如何定义的，马克思、恩格斯并没有给出确切的答案，但在其著作中不难发现有很多能够体现劳动与教育相结合的表达。马克思、恩格斯在对黑格尔、费尔巴哈、欧文等人的思想进行批判和吸收的基础上，根据当时资本主义社会的发展现状，在探究如何实现人的自由全面发展的过程中，提出了教育与生产劳动相结合的思想。这一思想反映出劳动教育在马克思主义的教育思想中占有重要位置，它的提出为新时代高校培养德、智、体、美、劳全面发展的时代新人提供了必要的理论基础。

马克思、恩格斯十分重视教育与生产劳动相结合，从社会生产力的发展和人的全面发展这两个方面阐述了教育与生产劳动相结合的必要性及现实性。一方面，"教劳结合"是提高社会生产力的必然要求。社会生产力的不断发展，科学技术的巨大变革以及劳动生产效率的显著提高，这些客观的现实变化促使教育与生产劳动必须结合，加上为了满足现代大工业生产力发展的需要，教育与生产劳动相结合是十分必要的。在大工业机器生产时代，资本主义的生产方式带来社会分工的细化和劳动异化，导致脑力劳动和体力劳动相对立，造成劳动者"体脑分离"片面发展的局面。为了打破这一僵局，马克思在《资本论》中明确提出："生产劳动同智育和体育相结合，它不仅是提高社会生产的一种方法，而且是造就全面发展的人的唯一方法。"另一方面，"劳教结合"既可以有力推动社会生产力的发展，也可以有效促进人的全面发展，是实现社会与人全面发展的重要途径。与此同时，马克思还提出："在智育和体育方面引入生产劳动，可以有效提高社会生产效率与产量，并且这也是人得以全面发展的唯一有效措施。"认为教育与生产劳动的完美结合可以有效化解脑力和体力劳动相互对立的尴尬局面，最终实现人的全面发展。

由于资本主义制度下劳动二元对立和劳动异化在很大程度上阻碍了人的全面发展，马克思、恩格斯对其进行了强烈的批判，认为在这种劳动中，工人无法自由发挥自己的体力和智力，相反，自己的肉体与精神都受到严重的摧残，这极大地抹杀了劳动对人全面发展的积极作用。于是，马克思提出"生产劳动给每一个人提供全

面发展和表现自己全部的,即体力的和脑力的能力的机会。这样,生产劳动就不再是奴役人的手段,而成了解放人的手段"。同时恩格斯在《反杜林论》中指出:"在社会主义社会中,劳动将和教育相结合,从而保证多方面的技术训练和科学教育的实践基础得到保障。"由此可以看出,马克思、恩格斯都主张通过教育与生产劳动相结合的方式,来实现人的全面发展。

2. 列宁的劳动教育思想

列宁在继承马克思和恩格斯劳动教育理论的基础上,非常重视生产与教育的紧密结合。面对当时本国教育文化落后的状况,深化并发展了教劳结合思想,进一步阐释了社会主义劳动的本质和特征,为劳动教育的理论和实践做出了巨大的贡献。

十月革命前,列宁大多是从理论的角度来阐释劳动教育,从而丰富和发展教育与生产劳动相结合的思想。列宁认为"学校必须用人类创造的全部知识,去丰富青年的头脑,必须对青年一代进行现代化的和共产主义的教育,必须注意教育与生产劳动相结合"。强调只有把智育和劳育结合起来,把教育和生产劳动结合起来,才能培养出合格的社会主义和共产主义的建设人才,才能满足社会主义经济、文化建设的需要。同时,列宁还在《民粹主义空想计划的典型》中指出"没有年轻一代的教育和生产劳动的结合,未来社会的理想是不能想象的;无论是脱离生产劳动的教学和教育,或是没有同时进行教学和教育的生产劳动,都不能达到现代技术水平和科学知识现状所要求的高度"。认为学校教育特别是大学教育,必须坚持教育和生产劳动相结合,才能与经济建设的发展需要相适应,才能使苏维埃经济建设获得成功。

十月革命后,列宁则多是从实践的角度出发来推动劳动教育的实施,通过发展综合技术教育来实现这一目标。列宁在拟定俄共八大党纲时,提出"对未满十六周岁的少年必须严格地接受免费义务综合技术教育,并在劳动中贯穿教育的基本要求和基本目的"。率先对普通教育学校的体制进行改革,并采取必要措施向普及综合技术教育过渡。为了促进教育与生产相结合,推动综合技术教育落实到位,列宁还提出要"用办得还可以的工业企业和农业企业(国营农场、农业实验站、好的农庄和发电站等)进行职业技术教育和综合技术教育"。同时,列宁对综合技术教育实施做了一些明确的规定,要求对年满15岁的人进行职业技术教育,鼓励掌握电力、机械工业知识的毕业生向外界讲授关于电的综合技术教育课,并通过建立图书馆、成人学校、讲习所等场所帮助工人和劳动农民自学自修。至此,可以看出列宁十分重视教育与生产劳动相结合,他对劳动教育理论与实践的探索,不仅极大地丰富了马克思主义劳动理论,而且也为新时代高校开展劳动教育提供了重要的理论基础。

三、我国社会主义劳动教育思想

毛泽东非常重视劳动与教育相结合，强调劳动在教育中的重要性，认为教育的立足点和目的是人的全面发展，而人的全面发展自然少不了劳动这个方面。一方面，使知识分子了解劳动，实践劳动，总结工作经验，提高知识水平。另一方面，使体力劳动者了解劳动知识，避免盲目劳动，实现人的全面发展，使劳动者达到知与行相融合的效果。还有毛泽东所提倡的"劳动最光荣"。这一系列重要的有关劳动教育的论述，都是对马克思关于劳动教育理论的继承与发展，再与当时的中国国情和国外大环境相结合所提出的正确思想。在井冈山革命根据地时期打击地主将土地分给农民，鼓励农民进行劳动；在抗日战争时期提出"自己动手，丰衣足食"的号召，实行"地主减租减息，农民交租交息"的政策，也是鼓励农民进行劳动，提高人民群众进行生产的积极性；在社会主义过渡时期，改造农业、手工业和资本主义工商业的政策，也能体现出毛泽东同志对劳动的重视，他认为建设社会主义国家一定要在劳动中实现。

邓小平对辛勤劳动者的生活品质非常关注。无论是在战时，还是在建设社会主义的过程中，邓小平都非常关注工人的物质生活。他在建设社会主义的过程中，经常提及，一定要关心群众生活，现在搞重体力劳动还很艰苦，不搞好职工生活不行。劳动人民的劳动极其艰苦，必须保证其基本的生存需求，使其能够更好地从事生产生活与劳动。邓小平认为，劳动是摆脱贫困、实现幸福的最基本途径，人要发展，社会要发展，人就必须要劳动。同时还强调劳逸结合的重要性。邓小平继承了马克思关于"劳动与娱乐"的思想，认为社会经济的发展和社会主义的发展，是在充分尊重人的生产和生活需求的基础上，才能使"异化劳动"得到彻底的消除，人们得到真正解放。

我国在市场经济条件下迅速发展，同时，一些社会问题也日益突出。比如：我国劳动力资源丰富，但劳动力质量偏低，存在着严重的社会就业问题，已成为影响社会稳定的一个主要原因，一些人对劳动特别是体力劳动存在片面认知。因此根据这些，江泽民指出，要解决我国目前存在的一些突出的有关劳动的问题。江泽民在1994年6月的全国教育工作会议上提出，教育与生产劳动相结合是坚持社会主义教育方向的一项基本措施。劳动和教育的有机结合，一方面可以使劳动者的素质得到提高，使其工作效率得到提高；另一方面可以使他们认识劳动、尊重劳动。当今时代，科技进步对一个国家经济社会的发展越来越具有决定性作用。科学技术的发展促进了人类的劳动更新换代，而这种新的劳动方式也促进了科学技术的不断创新，从而产生一种新的劳动理念——科学劳动。劳动者无疑是劳动的主体，随着科学技术的产生和科学思想的普及，必然会产生大量的新类型的劳动者，也就是科技工作者。在改革开放的大背景下，科技工作者的工作无疑是一剂强心剂。科学劳动并不是单纯地使用新的技术，而是要从科学的角度来分析当前和未来的工作方式及方法，同时要考虑到如何科学地提高劳动生产率。

21世纪，世界格局发生了巨大的变革。在就业观念多元化、劳动力流动更加迅速、生活条件相对改善、物质条件较为丰富的时代。在这社会秩序安定、国家兴旺发达的时代，有一些人对劳动抱有极端的看法，认为体力工作者是卑贱的，体力工作是不光彩的。在社会主义制度下，人们的劳动都是值得被尊重的，人们要在劳动中脚踏实地、兢兢业业。所以胡锦涛同志将"以辛勤劳动为荣，以好逸恶劳为耻"纳入社会主义荣辱观中，并提出，要切实发展和谐劳动关系，建立健全劳动关系协调机制，完善劳动保护机制，让广大劳动群众实现体面劳动。胡锦涛同志提出的"体面劳动"，就是要使劳动人民能够昂首阔步地劳动，使他们的劳动条件得到改善，使他们明白，在社会主义体制下，劳动人人平等，不存在高低之别。

2013年，习近平在全国劳动模范代表座谈会中讲到，任何时候任何人都不能看不起普通劳动者。这极大提高了劳动者的社会地位。党的十八大以来，习近平作为党的领导核心，对青年学生的教育工作非常重视，对"把教育和生产劳动结合起来"的观点给予了高度评价，并多次在重要场合提到了青年学生的劳动教育问题。

习近平总书记十分重视劳动，对劳动以及劳动教育做了许多精辟的论述。2015年习近平总书记五一讲话指出："我们一定要在全社会大力弘扬劳模精神、劳动精神，大力宣传劳动模范和其他典型的先进事迹，引导广大人民群众树立辛勤劳动、诚实劳动、创造性劳动的理念，让劳动光荣、创造伟大成为铿锵的时代强音，让劳动最光荣、劳动最崇高、劳动最伟大、劳动最美丽蔚然成风。要教育孩子们从小热爱劳动、热爱创造，通过劳动和创造播种希望、收获果实，也通过劳动和创造磨炼意志、提高自己。"2016年，习近平提出："全面建成小康社会，进而实现中华民族伟大复兴的中国梦，必须依靠知识，必须依靠劳动，必须依靠广大青年。"在知识可以推动社会发展的今天，旧观念中的劳动教育，比如在工厂里做大量的体力活，又比如种地、插秧等，都无法满足当前的劳动教育需要。当前情况下，我们倡导的劳动教育，是对劳动者进行更高质量的教育。习近平总书记指出："要通过各种措施和方式，教育引导广大青少年牢固树立热爱劳动的思想、牢固养成热爱劳动的习惯，为祖国发展培养一代又一代勤于劳动、善于劳动的高素质劳动者。"当前我国高校学生在劳动中遇到的许多问题，归根到底是由于从小没有重视劳动教育。所以，劳动教育不仅是对大学生的一种教育，更是一种终生的教育。而且劳动对个体的人格锤炼，对个体整体素质的提高起着独特的教育作用。通过把教育与生产、社会实践有机地结合起来，使当代大学生在亲身劳动中获得成长、获得知识、获得幸福。天上从来都不会掉下来幸福，躺在床上梦想也不会实现，自己想要过上更好的生活，实现中华民族伟大复兴，只有依靠自己的劳动。2020年，习近平强调要把劳动教育纳入人才培养的全过程，教育引导青少年要牢固树立热爱劳动的思想，养成热爱劳动的习惯。一个良好态度的养成是正确价值观形成的保障。热爱劳动的教育思想，在激发学生劳动感情上具有激励作用。

习近平同志指出，人民创造历史，劳动开创未来，劳动是推动人类社会进步的根本力量。劳动是实现民族复兴大任的根本途径。时代在变，劳动形态在变，劳动性质在变，但这些变化始终紧紧围绕实现中华民族伟大复兴这一核心任务：从为工农业服务、为无产阶级的政治服务，到现在的为人民服务；从劳动形态由最初的手工劳动，到注重机器劳动，再到智能劳动的变化；从注重培养劳动者的政治素养，到培养劳动者的文化素养，再到综合发展素养，将劳动者定位为社会主义建设者和接班人，深刻体现了对马克思主义劳动教育思想的继承以及对不同时代发展要求的顺应。社会主义是干出来的，新时代也是奋斗出来的，实现中华民族伟大复兴大任并不是轻轻松松、敲锣打鼓就能实现的，需要全党和全国各族人民共同努力。而劳动始终在经济富强、政治民主、文化文明、社会和谐、生态美丽建设目标中扮演着重要角色。正如习近平指出，幸福不会从天降，美好生活靠劳动创造。正是因为劳动创造，我们拥有了历史的辉煌；也正是因为劳动创造，我们拥有了今天的成就。可见，劳动不仅能带来价值，而且会创造更多价值。在新时代，要实现自身的奋斗目标，实现人民对美好生活的向往，创造美好未来，就需要树立"民族复兴"的劳动教育思想。

第三章

高校劳动教育实践的现状调查及相关分析

面对高等教育新要求和高校学生综合素质发展新需要,面对人才市场需求和大学生不劳、避劳、厌劳的消极情绪,急需了解现状,解决问题。当前,高校学生劳动教育在一些方面取得了实质性进步,但总体上仍然存在不足,还需要在进一步研究中科学分析其中的原因,从而有针对性地找出解决问题的措施,以更有效地实施劳动教育。"没有调查就没有发言权",研究问题需要进行调查,需要数据支撑。本章对部分高校展开问卷调查研究,并利用 SPSS26.0 和 Excel 2010 进行数据统计分析,找寻高校劳动教育实践开展的主要问题并进行原因分析。

第一节 高校学生劳动教育实践调查基本情况

一、调查问卷的设计

为了进一步了解目前高校开展劳动教育的具体情况,以下采用电子问卷的方式收集信息,主要对安徽、湖北、湖南、江西、江苏、浙江、北京、山东等地的高校学生进行问卷调查。本次主要借助"问卷星"平台,通过微信、朋友圈,以及所在高校认识的教师、辅导员,随机发放问卷 3575 份,其中符合要求的有效答卷 3526 份,无效答卷 49 份,问卷的有效回收率为 98.6%。此次问卷共计 22 个题目,由 14 道单选题和 8 道多选题两种题型组成,其中基础信息部分的题目有 4 道,主要调查内容的题目有 18 道,问卷主要由这两部分构成。前 4 道题主要涉及调研对象的个人基本信息,后 18 道题重点调查学生对所在高校是如何开展劳动教育的一些具体情况的了解，包括劳动教育课程的开设、考核评价、师资队伍以及校园文化建设等方面的信息。此外，针对问卷调查的数据，使用 SPSS26.0 和 Excel 2010 这两个办公软件对调查结果进行统计分析。

二、调查对象与方法

本次问卷调查涉及国内多所高校，其中包括中国科学技术大学、合肥工业大学、安徽大学、安徽建筑大学、安徽理工大学、皖西学院、宿州学院、华中科技大学、湖南大学、杭州师范大学、温州大学、江西师范大学、南昌航空大学、南京林业大学、南京农业大学、济南大学、首都师范大学、安徽水利水电职业技术学院、合肥滨湖职业技术学院、安徽交通职业技术学院、安徽医学高等专科学校、淮南职业技术学院等。从学校层次上看，涵盖了 985 高校、211 高校、省属重点本科院校、公办本科院校、民办本科院校、独立学院、专科院校、职业类院校等不同办学层次的高校；从院校类别上看，涵盖文科、理科、工科、医学、师范、职业类等不同类型的院校；从专业分布上看，涵盖人文社科类、理工农林医师类、艺术体育类等不同专业。问卷采用线上发放的方式，学生可通过问卷星形成的网址链接参与本问卷的作答，或者使用手机扫描二维码填写相应信息进行答卷。

本次调研对象的基本信息主要包括性别、院校、学历和专业，如表 3-1 所示。从性别分布来看，男生 1612 人，占总人数的 45.72%；女生 1914 人，占总人数的 54.28%。从院校分布来看，普通高等院校有 2987 名学生参与，占总人数的 84.71%；专科、职业类院校有 539 名学生参与，占总人数的 15.29%；数据结果显示，本次调查对象以普通高等院校的学生为主。从学历分布来看，专科生 539 人，占总人数的 15.29%；本科生 2595 人，占总人数的 73.59%；研究生（含硕士研究生、博士研究生）392 人，占总人数的 11.12%，表明样本主体本科生占大多数。从专业分布来看，人文社科类专业有 978 位学生填写，占总人数的 27.74%；理工农林医师类专业有 1126 位学生填写，占总人数的 31.93%；艺术体育类专业有 836 位学生填写，占总人数的 23.71%；其他专业类别的学生 586 人，占总人数的 16.62%。由数据可知，各专业人数分布均衡，无显著差异，且涵盖了大部分专业，具有较高的参考价值。

表 3-1 调查对象的基本信息统计

基本信息	选项	有效数量/人	有效比例/%
性别	男	1612	45.72
	女	1914	54.28
院校	普通高等院校	2987	84.71
	专科、职业类院校	539	15.29

续表

基本信息	选项	有效数量/人	有效比例/%
学历	专科在读	539	15.29
	本科在读	2595	73.59
	研究生在读	392	11.12
专业	人文社科类	978	27.74
	理工农林医师类	1126	31.93
	艺术体育类	836	23.71
	其他	586	16.62

三、问卷数据统计结果

对于问卷的调查结果，笔者主要使用SPSS26.0和Excel 2010数据分析工具进行分析，采用的是频数与交叉这两种分析方法，以频数分析法为主。这部分内容主要包括以下几个方面：一是劳动教育校园文化建设现状；二是劳动教育课程开设现状；三是劳动教育考核评价现状；四是劳动教育师资队伍现状；五是劳动教育实践活动现状；六是劳动教育成效现状。

1. 劳动教育校园文化建设现状

如表3-2所示，在问及大学生所在学校的劳动教育氛围是否浓厚时，有1831位学生认为学校劳动教育氛围浓厚，占比为51.93%；有541位学生认为学校劳动教育氛围比较浓厚，占比为15.34%；有1019位学生认为学校劳动教育氛围一般，占比为28.89%；有135位学生认为学校劳动教育完全没有氛围，占比为3.84%。把数据分为两部分，从占比可以看出，有一半的学生认为所在学校劳动教育氛围浓厚，占比为51.93%，也有接近一半的学生认为所在学校劳动教育氛围并不浓厚，占比为48.07%，说明高校劳动教育的校园氛围有待加强。

表3-2 学校劳动教育校园氛围

选项	频数/人	有效比例/%
A. 氛围浓厚	1831	51.93
B. 比较浓厚	541	15.34
C. 一般	1019	28.89
D. 完全没有氛围	135	3.84
总计	3526	100

如表3-3所示，在问及调查学生所在学校主要通过哪些途径来营造校园劳动文

化氛围时，有 2825 位学生选择通过 A 项的方式，占比为 25.09%；有 2581 位学生选择通过 B 项的方式，占比为 22.92%；有 1372 位学生选择通过 C 项的方式，占比为 12.18%；有 1998 位学生选择通过 D 项的方式，占比为 17.74%；有 1492 位学生选择通过 E 项的方式，占比为 13.25%；有 993 位学生选择通过 F 项的方式，占比为 8.82%。

从上述数据结果可以看出，通过宣传栏、图书馆、教学楼等地方悬挂热爱劳动、崇尚劳动的宣传标语或横幅的方式来营造校园劳动文化氛围是其主要途径。虽然学校还会通过官网、微博、微信等公众平台广泛报道劳动模范人物事迹，但是在组织劳动模范、大国工匠进校园宣讲、定期开展关于劳动教育的知识讲座或竞赛，以及结合植树节、劳动节、农民丰收节等节日开展丰富的劳动主题教育活动的占比较小。整体上校园劳动文化建设的途径呈现单一化。因此，高校要为学生营造一个浓厚的劳动育人环境，就需要从多方面不断加强校园劳动文化建设，做好劳动文化宣传与建设工作。

表 3-3　学校劳动教育校园氛围营造途径

选项	响应数量/人	响应比例/%	个案比例/%
A. 宣传栏、图书馆、教学楼等地方悬挂热爱劳动、崇尚劳动的宣传标语或横幅	2825	25.09	80.12
B. 学校的官网、微博、微信等公众平台广泛报道劳动模范人物事迹	2581	22.92	73.20
C. 组织劳动模范、大国工匠等进校园宣讲	1372	12.18	38.91
D. 定期开展关于劳动教育的知识讲座或竞赛	1998	17.74	56.66
E. 结合植树节、劳动节、农民丰收节等节日开展丰富的劳动主题教育活动	1492	13.25	42.31
F. 其他	993	8.82	28.16
总计	11261	100	319.36

通过 SPSS26.0 将学校劳动教育校园氛围营造途径与学历层次两者进行交叉分析，如表 3-4 所示。

从横向上来看，选择 A 项人数最多的是本科在读学生，有 2157 人，占比为 76.35%；最少的是研究生在读学生，有 295 人，占比为 10.45%。选择 B 项人数最多的是本科在读学生，有 1999 人，占比为 77.45%；最少的是专科在读学生，有 284 人，占比为 11.00%。选择 C 项人数最多的是本科在读学生，有 1123 人，占比为 81.85%；最少的是研究生在读学生，有 98 人，占比为 7.14%。选择 D 项人数最多的是本科在读学生，有 1672 人，占比为 83.68%；最少的是研究生在读学生,有100人,占比为5.01%。选择E项人数最多的是本科在读学生,有1269人,占比为85.05%;最少的是研究生在读学生,有85人,占比为5.70%。选择F项人数最多的是本科在读学生,有745人,占比为75.03%;最少的是研究生在读学生,有57人,占比为5.74%。由此可见,本科在读学生对所在学校劳动教育的了解程度较高,专科在读学生和研究生在读学生相对而言比较少,说明高校校园劳动文化的宣传力度还不够。

从纵向来看,专科在读学生选择A项的人数最多,有373人,占比为13.20%;选择E项的人数最少,有138人,占比为9.25%。本科在读学生选择A项的人数最多,有2157人,占比为76.35%;选择F项的人数最少,有745人,占比75.03%。研究生在读学生选择B项的人数最多,有298人,占比为11.55%;选择F项的人数最少,有57人,占比5.74%。

由此可见,专科在读学生与本科在读学生倾向于线下关注校园劳动文化的建设情况,研究生在读学生更倾向于线上关注。因此,高校应采用多种方式来积极宣传劳动教育,营造校园劳动文化氛围,满足不同学生对劳动文化的需求。

表3-4　学校劳动教育校园氛围营造途径与学历层次的交叉

选项	统计	专科在读学生	本科在读学生	研究生在读学生	小计
A. 宣传栏、图书馆、教学楼等地方悬挂热爱劳动、崇尚劳动的宣传标语或横幅	计数/人	373	2157	295	2825
	占比/%	13.20	76.35	10.45	100
B. 学校的官网、微博、微信等公众平台广泛报道劳动模范人物事迹	计数/人	284	1999	298	2581
	占比/%	11.00	77.45	11.55	100
C. 组织劳动模范、大国工匠等进校园宣讲	计数/人	151	1123	98	1372
	占比/%	11.01	81.85	7.14	100
D. 定期开展关于劳动教育的知识讲座或竞赛	计数/人	226	1672	100	1998
	占比/%	11.31	83.68	5.01	100
E. 结合植树节、劳动节、农民丰收节等节日开展丰富的劳动主题教育活动	计数/人	138	1269	85	1492
	占比/%	9.25	85.05	5.70	100
F. 其他	计数/人	191	745	57	993
	占比/%	19.23	75.03	5.74	100

2. 劳动教育课程开设现状

如表3-5所示,在问及高校学生所在学校是否单独开设专门的劳动教育课程时,有2618位学生选择A项,占比为74.25%;有908位学生选择B项,占比为

25.75%。从占比可以看出，大部分的高校都已经开设了劳动教育课程，但不可否认的是仍然存在部分高校还未开设该课程的情况。

表 3-5 学校劳动教育课程

选项	频数/人	有效比例/%
A. 是，开设了劳动教育课程	2618	74.25
B. 否，没有开设劳动教育课程	908	25.75
总计	3526	100

如表 3-6 所示，在问及大学生所在学校开设的劳动教育课程形式时，有 1631 位学生选择学校开设了 A 项，占比为 46.26%；有 634 位学生选择学校开设了 B 项，占比为 17.98%；有 524 位学生选择学校 C 项，占比为 14.86%；有 737 位学生选择 D 项，占比为 20.90%。

从数据结果可以看出，有超过 40% 的高校开设的是劳动教育必修课，有不到 20% 的高校开设的是劳动教育选修课，还有超过 20% 的高校是在专业课程中增设了劳动教育模块，不过也有少数高校的学生并不清楚该情况，说明高校劳动教育的课程设置有待优化。

表 3-6 学校劳动教育课程形式

选项	频数/人	有效比例/%
A. 劳动教育必修课	1631	46.26
B. 劳动教育选修课	634	17.98
C. 在专业课程中增设了劳动教育模块	524	14.86
D. 不清楚	737	20.90
总计	3526	100

通过 SPSS26.0 将学校劳动教育课程形式与专业类别两者进行交叉分析，如表 3-7 所示。从横向来看，选择 A 项人数最多的是艺术体育类专业的学生，有 764 人，占比为 46.84%；最少的是其他专业的学生，有 159 人，占比为 9.75%。选择 B 项人数最多的是理工农林医师类专业的学生，有 254 人，占比为 40.06%；最少的是艺术体育类专业的学生，有 107 人，占比为 16.88%。选择 C 项人数最多的是理工农林医师类专业的学生，有 184 人，占比为 35.11%；最少的是其他类专业的学生，有 95 人，占比为 18.13%。选择 D 项人数最多的是人文社科类专业的学生，有 259 人，占比为 35.14%；最少的是艺术体育类专业的学生，有 96 人，占比为 13.03%。从纵向来看，人文社科类专业的学生选择 A 项的人数最多，有 413 人，占比为 25.32%；选择 B 项的人数最少，有 155 人，占比为 24.45%。理工农林医师类专业的学生选择 B 项的人数最多，有 254 人，占比为 40.06%；选择 C 项的人

数最少，有184人，占比35.11%。艺术体育类专业的学生选择A项的人数最多，有764人，占比为46.84%；选择D项的人数最少，有96人，占比13.03%。其他专业学生选择A项的人数最多，有159人，占比为9.75%；选择C项的人数最少，有95人，占比18.13%。

综上所述，高校针对不同专业开设的劳动教育课程是有区别的，由数据可知，人文社科类专业、艺术体育类专业、其他类专业主要开设的是劳动教育必修课，理工农林医师类专业开设的是劳动教育选修课和在专业课程中增设了劳动教育模块。说明高校在开设这一课程时，就有意识地将该课程与学科专业相结合，使劳动教育课程设计更符合实际，但还是有部分专业的学生不清楚所在学校劳动教育的课程形式，表明高校劳动教育的实效还有待提高，同时也存在部分专业还未开设该课程的情况。

表 3-7 学校劳动教育课程形式与专业类别的交叉

项目		人文社科类	理工农林医师类	艺术体育类	其他	小计
A. 劳动教育必修课	计数/人	413	295	764	159	1631
	占比/%	25.32	18.09	46.84	9.75	100
B. 劳动教育选修课	计数/人	155	254	107	118	634
	占比/%	24.45	40.06	16.88	18.61	100
C. 在专业课程中增设了劳动教育模块	计数/人	144	184	101	95	524
	占比/%	27.48	35.11	19.28	18.13	100
D. 不清楚	计数/人	259	243	96	139	737
	占比/%	35.14	32.97	13.03	18.86	100

如表3-8所示，在问及大学生所在学校劳动教育课程的授课方式时，有318位学生选择的是A项，占比为9.12%；有564位学生选择的是B项，占比为15.99%；有741位学生选择的是C项，占比为21.02%；有1198位学生选择的是D项，占比为33.98%；有705位学生选择的是E项，占比为19.99%。

从数据结果可以看出，占比最高的是理论教学和实践教学相结合，占比最低的是以线上为主的网络教学，说明目前高校劳动教育的授课方式坚持了理论与实际相结合的原则，值得赞赏，但同样还有一些高校采用的以教材为主的课堂教学，忽视了劳动实践的重要性，未能做到理论与实践相统一，不利于学生劳动能力的提升。

表 3-8 学校劳动教育授课方式

选项	频数/人	有效比例/%
A. 以线上为主的网络教学	318	9.12
B. 以教材为主的课堂教学	564	15.99

续表

选项	频数/人	有效比例/%
C. 以劳动实践为主的线下教学	741	21.02
D. 理论教学和实践教学相结合	1198	33.98
E. 不清楚	705	19.99
总计	3526	100

如表3-9所示,在问及大学生所在学校对劳动教育课程的学时安排时,有877位学生选择的是A项,占比为24.87%;有1372位学生选择的是B项,占比为38.91%;有298位学生选择的是C项,占比为8.45%;有979位学生选择的是D项,占比为27.77%。

从数据结果可以看出,大多数学生选择学校对劳动教育课程学时安排是B项,所占比例最高,只有接近8%左右的学生选择的是C项,所占比例最低,说明高校对劳动教育课程的学时安排主要是以16~32学时为主。与此同时,仍然有24.87%的学生选择的是A项,27.77%的学生不清楚该情况,表明仍然有部分高校并未将《关于全面加强新时代大中小学生劳动教育的意见》和《大中小学生劳动教育指导纲要》中对劳动教育课程学时的硬性要求落实到位。

表3-9 学校劳动教育学时安排

选项	频数/人	有效比例/%
A. 16学时以下	877	24.87
B. 16~32学时	1372	38.91
C. 32学时以上	298	8.45
D. 不清楚	979	27.77
总计	3526	100

通过SPSS26.0将学校劳动教育学时安排与院校类别两者进行交叉分析,如表3-10所示。从横向上来看,选择16学时以下、16~32学时、32学时以上以及不清楚的都是来自普通高等院校的学生,占比均在84%以上,而专科、职业院校的学时安排在16学时以下、16~32学时、32学时以上以及不清楚的占比分别为15.17%、9.11%、11.41%、14.20%。说明高校对劳动教育课程的学时安排不太明确。从纵向上来看,专科、职业院校的学生选择D项的人数最多,有139人,占比为14.20%;选择C项的人数最少,有34人,占比为11.41%。普通高等院校的学生选择B项的人数最多,有1247人,占比为90.89%;选择C项的人数最少,有264人,占比为88.59%。说明大部分高校对劳动教育课程的学时安排主要集中在16~32学时,但同样存在部分高校未明确规定劳动教育课程的具体学时或学时

过少的情况。

表 3-10　学校劳动教育学时安排与院校类别的交叉

项目		专科、职业院校	普通高等院校	小计
A. 16 学时以下	计数/人	133	744	877
	占比/%	15.17	84.83	100
B. 16~32 学时	计数/人	125	1247	1372
	占比/%	9.11	90.89	100
C. 32 学时以上	计数/人	34	264	298
	占比/%	11.41	88.59	100
D. 不清楚	计数/人	139	840	979
	占比/%	14.20	85.80	100

如表 3-11 所示，在问及大学生所在学校是否有为劳动教育课程提供专门的教材时，有 1484 位学生选择的是 A 项，占比为 42.09%；有 1161 位学生选择的是 B 项，占比为 32.93%；有 881 位学生选择的是 C 项，占比为 24.98%。从数据结果可以看出，有 1/3 以上的学生认为所在学校提供了专门的教材，也有近 1/3 的学生认为所在学校没有提供专门的教材，同时还有接近 1/4 的学生不清楚所在学校到底有没有提供专门的教材，说明大多数高校在劳动教育课程教材的选用上并没有形成统一标准，教材不一致，教学内容也不同，向学生传授的教育思想也不同。

表 3-11　学校劳动教育教材

选项	频数/人	有效比例/%
A. 有，提供专门的教材	1484	42.09
B. 没有，未提供专门的教材	1161	32.93
C. 不清楚	881	24.98
总计	3526	100

如表 3-12 所示，在问及大学生还在哪些课程接受过劳动教育时，有 2119 位学生选择的是 A 项，占比为 31.30%；有 1552 位学生选择的是 B 项，占比为 22.93%；有 1867 位学生选择的是 C 项，占比为 27.58%；有 1231 位学生选择的是 D 项，占比为 18.19%。从数据结果可以看出，大多数学生选择在公共思政课上接受过劳动教育，所占比例最高；仅有 18.19% 左右的学生选择其他课程，所占比例最低，说明高校劳动教育与公共思政课的联系较为紧密，而与专业基础课、大学生就业指导与创新创业课以及其他课程的联系相对而言较少，所占比例也不高。因此，高校要积极挖掘相关课程中的劳动元素，促使劳动教育内容有机融入学科专业的课程中。

表 3-12　学科专业融入劳动教育

选项	响应数/人	响应数比例/%	个案比例/%
A. 公共思政课	2119	31.30	60.10
B. 专业基础课	1552	22.93	44.02
C. 大学生就业指导与创新创业课	1867	27.58	52.95
D. 其他	1231	18.19	34.91
总计	6769	100	191.98

3. 劳动教育考核评价现状

如表 3-13 所示，在问及大学生所在学校会采取哪些方式对学生的劳动教育进行考核评价时，有 1241 位学生选择的是 A 项，占比为 10.90%；有 1661 位学生选择的是 B 项，占比为 14.58%；有 2015 位学生选择的是 C 项，占比为 17.69%；有 1287 位学生选择的是 D 项，占比为 11.31%；有 1523 位学生选择的是 E 项，占比为 13.37%；有 1269 位学生选择的是 F 项，占比为 11.14%；有 1346 位学生选择的是 G 项，占比为 11.82%；有 298 位学生选择的是 H 项，占比为 2.63%；有 747 位学生选择的是 I 项，占比为 6.56%。从数据结果可以看出，占比最高的是 C 项，为 17.69%；其次是 B 项，占比为 14.58%；占比最低的是 H 项，为 2.63%，表明目前高校大多要求学生以撰写实践报告和提交结课论文的方式对劳动教育课程进行考核，而不是直接采取传统的卷面考试的方式，易于被学生接受，但采用劳动技能展示，关注学生在平时劳动活动中的实际表现以及定期对学生实际劳动技能和价值体认情况进行调查等方式的占比较少。

表 3-13　学校劳动教育考核方式

选项	响应数/人	响应数比例/%	个案比例/%
A. 卷面考试	1241	10.90	35.19
B. 结课论文	1661	14.58	47.11
C. 实践报告	2015	17.69	57.15
D. 技能展示	1287	11.31	36.50
E. 关注学生在平时劳动活动中的实际表现，开展劳动教育过程检测与纪实评价	1523	13.37	43.19
F. 定期组织开展关于学生实际劳动技能和价值体认情况的调查并对其进行综合评定	1269	11.14	35.99
G. 量化学生参与劳动实践的类型、次数、时间等要求，并将学生落实的结果纳入综合素质评价体系，作为学生学年评优评先的重要依据	1346	11.82	38.17
H. 以上都没有	298	2.63	8.45
I. 其他	747	6.56	21.19
总计	11387	100	322.94

如表 3-14 所示，在问及大学生所在学校开展劳动教育注重哪些方面的考察与评价时，有 2049 位学生选择的是 A 项，占比为 18.60%；有 2085 位学生选择的是 B 项，占比为 18.93%；有 1968 位学生选择的是 C 项，占比为 17.87%；有 2046 位学生选择的是 D 项，占比为 18.58%；有 2009 位学生选择的是 E 项，占比为 18.24%；有 254 位学生选择的是 F 项，占比为 2.31%；有 603 位学生选择的是 G 项，占比为 5.47%。从数据结果可以看出，劳动次数的占比最高，其次是劳动素养，然后是劳动结果，接着是劳动知识与技能、劳动过程，选择都不注重的占比最低，表明大多数高校注重对学生的劳动素养进行评价，然而劳动次数、劳动知识与技能及劳动结果的占比都比劳动过程的占比要高，说明高校更侧重于对学生进行结果性评价，过程性评价方式运用不足。

表 3-14　学校劳动教育评价内容

选项	响应数/人	响应数比例/%	个案比例/%
A. 劳动素养	2049	18.60	58.11
B. 劳动次数	2085	18.93	59.13
C. 劳动过程	1968	17.87	55.81
D. 劳动结果	2046	18.58	58.03
E. 劳动知识与技能	2009	18.24	56.98
F. 都不注重	254	2.31	7.20
G. 其他	603	5.47	17.10
总计	11014	100	312.36

4. 劳动教育师资队伍现状

如表 3-15 所示，在问及大学生所在学校是否有劳动教育的专职教师时，有 1728 位学生选择的是 A 项，占比为 49.01%；有 497 位学生选择的是 B 项，占比为 14.10%；有 1301 位学生选择的是 C 项，占比为 36.89%。从数据结果可以看出，有专职教师的占比最高，没有专职教师的占比最低，表明高校基本上都配备了劳动教育专职教师，仅有少部分高校未配齐。

表 3-15　学校劳动教育专职教师

选项	频数/人	有效比例/%
A. 有	1728	49.01
B. 没有	497	14.10
C. 不清楚	1301	36.89
总计	3526	100

如表 3-16 所示,在问及大学生所在学校劳动教育的授课教师由哪些人员构成时,有 2053 位学生选择的是 A 项,占比为 24.44%;有 1519 位学生选择的是 B 项,占比为 18.08%;有 1353 位学生选择的是 C 项,占比为 16.11%;有 984 位学生选择的是 D 项,占比为 11.72%;有 910 位学生选择的是 E 项,占比为 10.83%;有 1023 位学生选择的是 G 项,占比为 12.18%。从数据结果可以看出,高校劳动教育师资队伍人员构成较为复杂,其中班主任或辅导员的占比最高,思政课教师的占比排名第二,创新创业课教师的占比要高于其他专业课教师兼职的占比,最后是学校行政或后勤人员的占比都比他们要低,说明高校劳动教育教师主要由班主任或辅导员构成,再由其他课程的教师们兼任,师资力量有待提升。

表 3-16　学校劳动教育师资人员构成

选项	响应数/人	响应数比例/%	个案比例/%
A. 班主任或辅导员	2053	24.44	58.23
B. 思政课教师	1519	18.08	43.08
C. 创新创业课教师	1353	16.11	38.37
D. 其他专业课教师兼职	984	11.72	27.91
E. 学校行政或后勤人员	910	10.83	25.81
F. 其他	558	6.64	15.83
G. 不清楚	1023	12.18	29.01
总计	8400	100	238.24

如表 3-17 所示,在问及大学生对所在学校劳动教育授课教师的教学方法、教学能力等方面如何评价时,有 1805 位学生选择的是 A 项,占比为 51.19%;有 599 位学生选择的是 B 项,占比为 16.99%;有 341 位学生选择的是 C 项,占比为 9.67%;有 781 位学生选择的是 D 项,占比为 22.15%。从数据结果可以看出,A 项占比较大,为 51.19%,但将 B~D 三个选项相加,结果高达 48.81%,说明部分高校劳动教育教师自身素养不足,专业水平有待提升。

表 3-17　学校劳动教育师资水平

选项	频数/人	有效比例/%
A. 综合运用多种教学方法详细讲解与劳动相关的知识,具备扎实的理论功底	1805	51.19
B. 以知识讲授为主,教学方式相对单一,大多数学生对课堂不太感兴趣	599	16.99
C. 教学方法、理论知识等各方面有待提升,不能完全胜任劳动教育课程教学	341	9.67
D. 不太清楚	781	22.15
总计	3526	100

5. 劳动教育实践活动现状

如表 3-18 所示,在问及大学生所在学校开展过哪些形式的劳动教育实践活动时,有 2721 位学生选择的是 A 项,占比为 37.08%;有 1819 位学生选择的是 B 项,占比为 24.78%;有 2013 位学生选择的是 C 项,占比为 27.43%;有 786 位学生选择的是 D 项,占比为 10.71%。从数据结果可以看出,日常生活劳动的占比最高,其他类型的劳动实践活动占比最低,服务性劳动比生产性劳动高出 3% 左右,表明高校主要是以开展日常生活性劳动为主,服务性与生产性劳动相对较少。因此,高校要积极采取措施,丰富劳动教育实践活动。

表 3-18 学校劳动教育实践活动

选项	响应数/人	响应数比例/%	个案比例/%
A. 日常生活劳动(如宿舍卫生清洁与美化、校园办公区域和公共区域的义务劳动等)	2721	37.08	77.17
B. 生产性劳动(如实习实训、专业服务和创新创业活动等)	1819	24.78	51.59
C. 服务性劳动(如志愿服务、扶贫支教、社会实践等)	2013	27.43	57.09
D. 其他	786	10.71	22.29
总计	7339	100	208.14

通过 SPSS26.0 将学校劳动教育实践活动与专业类别两者进行交叉分析,如表 3-19 所示。从横向来看,选择日常生活劳动、生产性劳动、服务性劳动的都是艺术体育类专业的学生,且占比均比人文社科类专业、理工农林医师类专业的占比要高,分别是 30.72%、28.04%、28.91%,说明艺术体育类专业的学生参加的劳动实践活动要比其他专业的学生更丰富,劳动积极性更高,高校要给予人文学生更多的关注和更多劳动机会。从纵向来看,人文社科类专业、理工农林医师类专业、艺术体育类专业以及其他专业的学生选择日常生活劳动的人数是最多的,占比分别是 28.89%、26.09%、30.72%、14.30%,其他专业的劳动实践活动的人数是最少的,占比分别是 14.30%、21.93%、15.01%、16.92%,表明目前高校大多开展的是日常生活劳动,如宿舍卫生清洁与美化、校园办公区域和公共区域的义务劳动等,劳动教育实践活动呈现单一化的趋势,高校理应多开展除日常生活劳动之外的生产性与服务性的劳动实践活动,既锻炼学生的动手能力,又培养学生的劳动创新思维。

表 3-19 学校劳动教育实践活动与专业类别的交叉

选项		人文社科类专业	理工农林医师类专业	艺术体育类专业	其他专业	小计
A. 日常生活劳动（如宿舍卫生清洁与美化、校园办公区域和公共区域的义务劳动等）	计数/人	786	710	836	389	2721
	占比/%	28.89	26.09	30.72	14.30	
B. 生产性劳动（如实习实训、专业服务和创新创业活动等）	计数/人	417	493	510	399	1819
	占比/%	22.93	27.10	28.04	21.93	
C. 服务性劳动（如志愿服务、扶贫支教、社会实践等）	计数/人	576	553	582	302	2013
	占比/%	28.61	27.47	28.91	15.01	
D. 其他	计数/人	205	234	214	133	786
	占比/%	26.08	29.77	27.23	16.92	

如表 3-20 所示，在问及大学生如何评价所在学校开展的劳动教育实践活动时，有 1979 位学生选择 A 项，占比为 56.13%；有 810 位学生选择 B 项，占比为 22.97%；有 528 位学生选择 C 项，占比为 14.97%；有 209 位学生选择 D 项，占比为 5.93%。从数据结果可以看出，A 项占比较高为 56.13%，但将 B~D 三个选项相加，所占比例为 43.87%，占比较大，说明高校劳动教育实践活动内容是丰富的，形式是多样的，但仍然存在着诸多问题需要解决。

表 3-20 学校劳动教育实践活动评价

选项	频数/人	有效比例/%
A. 活动内容丰富且形式多样	1979	56.13
B. 活动开展较少，且形式较为单一	810	22.97
C. 活动开展不深入，仅限于形式	528	14.97
D. 活动开展意义不大，浪费时间	209	5.93
总计	3526	100

通过 SPSS26.0 将学校劳动教育实践活动评价与专业类别两者进行交叉分析，如表 3-21 所示。从横向来看，选择 A 项人数最多的是艺术体育类专业的学生，有 653 人，占比为 32.99%；最少的是其他专业的学生，有 311 人，占比为 15.72%。选择 B 项人数最多的是理工农林医师类专业的学生，有 268 人，占比为 33.09%；最少的是其他专业的学生有 117 人，占比为 14.44%。选择 C 项人数最多的是人文社科类专业的学生，有 169 人，占比为 32.01%；最少的是其他专业的学生，有 68 人，占比为 12.88%。选择 D 项人数最多的是艺术体育类专业的学生，有 68 人，占比为 32.54%；最少的是其他专业的学生，有 19 人，占比为 9.09%。从纵向来看，人文社

科类专业、理工农林医师类专业、艺术体育类专业以及其他专业的学生选择A项的人数最多,占比分别为25.32%、25.97%、32.99%、15.72%,选择D项的人数最少,占比分别为31.58%、26.79%、32.54%、9.09%。

综上所述,不同专业的学生对学校劳动教育实践活动的评价不一致,理工农林医师类专业的学生大多数认为学校劳动教育实践活动内容丰富且形式多样,人文社科类专业的学生倾向于学校劳动实践活动注重内容的升华而非形式,艺术体育类专业的学生希望学校劳动教育实践活动的开展能够有效提高自身各方面的能力而非流于表面。因此,高校应重新审视自身,重视并关切学生的真实诉求,有效解决问题。

表 3-21 学校劳动教育实践活动评价与专业类别的交叉

选项		人文社科类专业	理工农林医师类专业	艺术体育类专业	其他专业	小计
A. 活动内容丰富且形式多样	计数/人	501	514	653	311	1979
	占比/%	25.32	25.97	32.99	15.72	
B. 活动开展较少,且形式较为单一	计数/人	231	268	194	117	810
	占比/%	28.52	33.09	23.95	14.44	
C. 活动开展不深入,仅限于形式	计数/人	169	150	141	68	528
	占比/%	32.01	28.41	28.70	12.88	
D. 活动开展意义不大,浪费时间	计数/人	66	56	68	19	209
	占比/%	31.58	26.79	32.54	9.09	

如表3-22所示,在问及大学生所在学校是否有劳动教育实践基地时,有2048位学生选择A项,占比为58.08%;有457位学生选择B项,占比为12.96%;有1021位学生选择C项,占比为28.96%。从数据结果可以看出,有劳动教育实践基地的占比最高,没有劳动教育实践基地的占比最低,表明大多数高校都有属于自己的劳动实践基地,然而还有接近30%以上的学生并不清楚自己所在学校到底有没有劳动教育实践基地,说明高校还需要继续加强这方面的建设,使其能够覆盖全体学生。

表 3-22 学校劳动教育实践基地

选项	频数/人	有效比例/%
A. 有	2048	58.08
B. 没有	457	12.96

续表

选项	频数/人	有效比例/%
C. 不清楚	1021	28.96
总计	3526	100

6. 劳动教育的成效现状

如表 3-23 所示,在问及大学生所在学校开展劳动教育还需要加强哪些方面的工作时,有 2198 位学生选择 A 项,占比为 24.19%;有 1974 位学生选择 B 项,占比为 21.72%;有 1687 位学生选择 C 项,占比为 18.57%;有 1516 位学生选择 D 项,占比为 16.69%;有 983 位学生选择 E 项,占比为 10.82%;有 728 位学生选择 F 项,占比为 8.01%。从数据结果可以看出,科学构建劳动实践体验课程体系的占比最高,其次是加大劳动实践活动基地建设力度的占比,其他选项的占比是最低的,说明高校在劳动实践课程与实践基地建设这两方面还有非常大的提升空间。

表 3-23 学校劳动教育的改进工作

选项	响应数/人	响应数比例/%	个案比例/%
A. 科学构建劳动实践体验课程体系	2198	24.19	62.34
B. 加大劳动实践活动基地建设力度	1974	21.72	55.98
C. 制定统一规范的劳动课程考核评价标准	1687	18.57	47.85
D. 打造更为专业化的劳动教育师资队伍	1516	16.69	42.99
E. 营造热爱劳动、崇尚劳动的校园文化氛围	983	10.82	27.88
F. 其他	728	8.01	20.65
总计	9086	100	257.69

如表 3-24 所示,在问及大学生所在学校开展劳动教育带来了哪些收获时,有 2383 位学生选择 A 项,占比为 20.54%;有 2507 位学生选择 B 项,占比为 21.60%;有 1982 位学生选择 C 项,占比为 17.08%;有 2078 位学生选择 D 项,占比为 17.91%;有 1731 位学生选择 E 项,占比为 14.92%;有 289 位学生选择 F 项,占比为 2.49%;有 634 位学生选择 G 项,占比为 5.46%。从数据结果可以看出,大多数高校学生认为学校开展劳动教育能够使自己获得劳动知识与技能,提升实践能力,有超过 20% 的学生认为能够增强道德责任感与使命感,还有接近 20% 左右的学生认为能够锻炼身体,强健体魄,说明高校劳动教育在促进学生德育、智育和体育方面取得了显著效果,但在激发学生创新意识、提升其审美情趣这方面还需加强。

表 3-24 学校劳动教育效果

选项	响应数/人	响应数比例/%	个案比例/%
A. 能够增强道德责任感与使命感	2383	20.54	67.58
B. 能够获得劳动知识与技能,提升实践能力	2507	21.60	71.10
C. 能够激发创新意识,提升创造力	1982	17.08	56.21
D. 能够锻炼身体,强健体魄	2078	17.91	58.93
E. 能够陶冶情操,培育审美情趣	1731	14.92	49.09
F. 没有收获	289	2.49	8.19
G. 其他	634	5.46	17.98
总计	11604	100	329.08

第二节 高校学生劳动教育实践取得的积极成效

新的时代背景赋予高校劳动教育实践新的内涵和价值,高校肩负着人才培养的历史使命,立足于培养全面发展的社会主义建设者和接班人的时代高度,在国家政策的有力指导下,各大高校充分把握劳动教育实践内涵、明确劳动育人的目标,把劳动教育纳入人才培养体系,通过推动劳动实践的不断创新,丰富劳动教育成果,高校劳动育人取得了显著成效。

一、劳动认知日趋清晰,学生的劳动意识得到强化

近些年,由于社会上一些拜金主义、享乐主义风气的影响,部分大学生出现不能处理好个人日常卫生、拖延症、懒惰心理等问题,在就业选择上倾向于轻松且高薪,在消费上追求奢侈攀比,毕业后不能很好地适应社会的发展。这些状况让我们意识到,当前大学生劳动意识轻淡,劳动观念淡化,长此以往,劳动的作用会被弱化,而劳动作为培养有力量、有担当的大学生的支柱作用也会崩塌。因此,当前迫切需要全面提升大学生的劳动素养。劳动教育则可以从提升大学生的劳动观念与劳动意识入手,进而将劳动意识转变成劳动实践的自觉性,能够促使大学生主动劳动、自觉劳动。劳动教育被重提,进而被社会各界所认可,高校师生对劳动教育的内容、目标、理念的认识在不断提升。高校师生能够清晰地认识到劳动教育的重要性,尤其是大学生能够深刻认识到通过自己亲手劳动创造美好、改变生活,不断增强自身的劳动意识。可见,大多数高校师生充分认识到高校劳动教育在帮助学生树立劳动观念,养成良好习惯,提高个人能力,促进学生德育、智育和体育方面全面发展起到的重要作用,可以促使大学生在劳动中成长、学习和锻炼,也成为大学生

自我完善、自我发展的重要途径。

在传统体力劳动和简单脑力劳动正逐渐被智能科技代替的当下，劳动的价值和意义更为显现。时代发展需要人们对于劳动具有更深刻的感悟和认知，而作为国家未来的建设者，高校学生的劳动观念和劳动能力尤为重要。自《关于全面加强新时代大中小学劳动教育的意见》出台以来，高校结合自身实际情况，制定相应的劳动教育实施意见，落实好劳动育人的教育任务。吉林大学成立劳动教育中心，以"劳模大讲堂"为有效平台，积极展开高校劳动教育的理论研究和实践创新，实现全国劳模与高校学生面对面沟通的有益探索，借助劳模的奋斗故事传递劳动精神、强化劳动意识，有效引导学生培育精益求精的工匠精神和劳模精神，创新高等学校劳动教育建设的"吉大模式"。合肥工业大学紧抓"以劳育智"，聚焦劳智并举、合力育人的建设机制，通过"劳育＋思政""劳育＋课程"的多维探索，在塑造学生劳动创造价值理念的过程中，引导学生树立起积极正确的劳动观念，使其能够深刻认识到通过自己亲手劳动创造美好、改变生活，不断增强自身的劳动意识。高校劳动教育在有效确保学生获得充分劳动体验和认可劳动创造价值的同时，使其真正弄懂马克思主义劳动观的真理价值和马克思劳动价值论的时代意义，将实现个人价值与推动时代社会发展紧密相连，在日常劳动教育中不断加深当代高校学生对于劳动的意识认知，充分发挥劳动的育人价值。高校将劳动教育有机融入各类实践课程中，使其在劳动实践中切身体验劳动人民的艰辛，感知劳动成果的来之不易，能够深刻认识到幸福生活不会从天而降，需要靠自身辛勤劳动才能获得，从而自觉增强劳动意识。

二、劳动教育实践有序开展，学生的劳动能力得到提升

劳动教育是实现将理论融会贯通于实践的最佳方式。为避免理论知识传授与社会实践教育的割裂，一些高校尝试开展内容丰富、形式多样的相关劳动教育社会实践活动，组织高校学生在专业实习实训、社会服务、勤工俭学、顶岗支教等劳动教育活动中扮演不同社会角色，在实践中以知识为依托、以技能为基础，强化真实环境下的社会性劳动体验，切实体现知行合一的劳动教育理念。当前，高校劳动教育课程结构中以显性课程为主，主要包括劳动教育理论课程、劳动教育相关实践课程及其与大学生创新创业教育、职业生涯教育等的融合课程。从一定意义上说，高校劳动教育课程是一门融理论性、生活性与实践性于一体的课程门类，无论是劳动教育课程还是劳动教育融合课程，实践性都是不可或缺的，新时代高校劳动教育应突破传统单向知识传输的课程实施模式，重视大学生实践能力培养，彰显高校劳动教育课程实施的实践性特质。

根据调查结果显示，大部分高校通过积极开展日常生活、生产和服务性劳动

活动，推动各类劳动教育实践有序开展，学生各个方面的劳动能力得到了有效提升。各高校积极采取措施，大力创新劳动教育实践活动形式。例如：浙江大学在 2020 年就率先开设了劳动教育通识课程，并且将该课程成功开到了"田间"，形成了"理论＋实践"的课程模式。学生可以在该课程中学习如何正确使用农具，如何进行育苗栽植，如何进行病虫害的预防和消杀等基本农事的方方面面。该课程的开设不仅让学生学到了丰富的农学理论知识，而且给他们带来不一样的劳动体验，让学生在劳动过程中接受锻炼，磨炼意志，提升劳动实践能力，实现劳动教育理论与实践的有机统一。同年，安徽大学通过开设公益课程，以此来强化学生的劳动服务意识，提升学生的劳动服务能力。学校开设了涵盖学科专业结合类、传授知识技能类、历史传承类、人文关怀类、环境保护类、志愿服务类、综合类、宣教类 8 个模块的特色公益课程，并将该课程设置为公共必修课，要求学生在劳动服务环节必须修满 32 学时，并规定本科毕业生至少获得 1 个公益课程学分才会被允许毕业。公益课程的开设使学生在理论学习的基础上，能够走出课堂，步入社会，体验真实的劳动情景，让学生近距离地认识和了解社会，能够将所学知识与技能应用到现实生活中，从而在服务社会的实践过程中提高个人劳动技能和劳动能力。大力推动各类劳动教育实践活动的有序开展，使得大学生各个方面的劳动能力得到有效提升，劳动育人成效显著。

三、劳动教育政策充分落实，学生就业创业得到改善

当前高校积极落实劳动教育相关政策，通过打造创新创业实践基地、搭建创新创业服务平台、举办各类创新创业大赛等方式，使学生的就业创业环境得到明显改善，让大学生在参与创新创业项目的过程中，深化对劳动新形态与产业新业态的认知，形成正确的劳动就业观与择业观，帮助其更好地就业、择业和创业。

新时代高校劳动教育的突出亮点在于通过教育形式的推陈出新，推动劳教政策的落地落实，明确劳动教育的实施目标，提升劳动教育对于受教育主体的吸引力度，充分挖掘劳动者的实践能力，更好地适应当下就业创业需要。在措施落实上，高校通过创建劳动教育实践基地、举办传统农耕文化课堂展览、植物种植基地、厨艺技能大赛等多种形式的劳动项目，鼓励支持学生进行自主选择，在丰富多样的劳动实践中培养学生基本的劳动素质，建立自身良好的劳动习惯和劳动品格，推动学生劳动能力的不断提升。扬州大学农学院以"种植计划"为试验平台，结合学生专业实际开展劳动教育，引导学生参与农产品种植、网络直播销售等环节，在切身体会农业生产的同时，大力培育学生的创业能力和创新精神。安徽建筑大学大力支持学生组织参与各类创新创业竞赛活动，依托"创青春""中国创翼""挑战杯"等创新创业赛事平台，使得大学生能够拥有更多展示自我创新创业能力的机会，让他们

在竞赛中主动学习创新创业知识，能够将所学知识运用到实际中，实现学习能力向实践能力的转化。在目标实施上，新时代高校劳动教育目的并非局限于让学生参与劳动实践，而是着重培养学生学习理解劳动知识和劳动伦理，准确把握新时代的劳动趋势和劳动要求。因此，部分高校通过开展勤工助学劳动、校外实习劳动、创新创业劳动等实践形式，举办大学生创新创业比赛、千万学生走名企等实践活动，了解社会一线的人才需要，帮助学生在"爱劳动""能劳动"的基础之上，做好"会劳动""懂劳动"，做好未来就业创业的准备。

四、劳动教育内容多元，育人体系不断优化

随着我国生产力水平和信息技术的快速发展，知识型、创新型、技术型人才逐渐成为人才培养的需求，为适应人才培养的需要，劳动教育也要在发展中不断进步。通过前面的调查可知，目前，我国高校劳动教育内容越加丰富。日常生活劳动已经成为高校最普遍选择的教育内容，但是在一些新领域，如生产性劳动和服务性劳动，也在不断延伸扩展，改变了过往单一的教学形式，劳动教育内容呈现出多元化。高校开展劳动教育能从自身实际情况出发，结合时代发展要求和学生个体发展的现实需要，通过积极利用自身优势资源，创办体现学校特色的劳动教育品牌活动，不断创新劳动教育模式，使得高校育人体系得到优化。

新时代高校劳动教育从自身院校实际出发，结合学生主体的发展需求，积极架构学校、社会有效链接的综合性实践机制，创办劳动教育特色品牌活动，形成学校各具特色的办学模式，使高校育人体系不断优化完善。职业院校立足自身专业特点，以提升劳动职业技能水平为基础，着重提升学生的职业荣誉感和社会责任感。浙江杭州部分职业院校除了日常生活劳动、公益服务劳动等实践活动外，重点开展职业技能实训实赛，通过依托当地对口企业进行实习实练，指导学生参与真实的生产劳动，增进学生的职业认同感和自豪感。普通高等学校则通过专业学科知识与实践能力的系统结合，以强化马克思主义劳动观为指引，围绕学生的就业创业展开劳动教育。浙江部分高校通过将科学文化知识教育与劳动教育相结合，将劳动教育必修课程与劳动实践进行学分管理，创新学分制度进行体系化培养，推动劳动教育的课程化建设，通过制定相应的劳动教育课程指导意见，创新以劳动教育为主题的"第二课堂"综合评价体系，着重培养学生的创造能力和积极的劳动态度，在学习掌握好专业课知识的同时，提升理论运用于实践的能力，提升劳动知识的理解力和领悟力，增强学生在实践中发现和处理问题的能力，巩固劳动教育的宝贵成果。

第三节　高校学生劳动教育实践存在的问题

新时代高校学生劳动教育正处于发展阶段，外加各种客观因素的影响，所以必然会存在一些问题。厘清新时代高校学生劳动教育发展过程中存在的一些主要问题，是实现创新发展研究的基本要求，也是高校学生劳动教育实践工作推进的重要依据。目前，高校劳动教育在整个教育体系中仍处于薄弱部分，存在的问题不容忽视。目前，大学生劳动教育的问题主要存在于家庭、学校、社会等方面，分析大学生劳动教育现存的问题，对于更好地开展劳动教育具有重要的意义。

一、劳动教育实践在家庭中被软化

家庭教育是一个人接受教育的开端，家庭教育会间接地、耳濡目染地对人产生深远持久的影响，对于形成正确的劳动观念、良好的劳动习惯、熟练的劳动技能起着基础的作用。在目前的家庭教育中，父母过度重视学习成绩，片面地理解脑力劳动和体力劳动的关系，导致劳动教育在家庭中被软化，因此，对家庭劳动教育展开分析对于开展大学生劳动教育具有重要作用。

一方面，在我国很多父母都深受"学而优则仕"等传统观念的影响，家庭教育的重心都侧重于对孩子文化知识的培养，而对劳动教育则很少涉及。目前我国的教育体制仍然是以应试教育为主，父母坚信只有考上名牌大学才是出人头地的唯一出路，才能在快速发展的社会中拥有立足之地，认为一切与学习无关的事情都是在浪费时间。在此观念之下，父母主动承担起家里的所有家务，甚至认为孩子做家务是不务正业，因此，当孩子步入大学校园后，本该掌握的如洗衣服、打扫卫生等基本生活劳动技能却表现得不大尽如人意。

另一方面，在我国，父母深受"劳心者治人，劳力者治于人"思想的影响，对体力劳动和脑力劳动的关系存在片面的理解。父母认为体力劳动又脏又累、收入低、社会地位不高，不想让孩子从事体力劳动的工作，只有从事脑力劳动的工作才能"轻轻松松"生活。随着科学技术的快速发展，很多技术含量低的体力劳动早已经被大机器生产所替代，以至于很多父母更加认定体力劳动是可有可无的，因此，父母会经常提醒孩子，只有从事脑力劳动的工作才能够过上稳定幸福的生活。但事实并非如此，脑力劳动并不能完全替代体力劳动，体力劳动对于社会的发展也是必不可少的，例如：春节过后，很多沿海发达地区出现"用工荒"；餐饮行业出现服务人员老龄化等现象。家庭教育对体力劳动和脑力劳动关系的错误理解，导致孩子不能形成正确的劳动观念，对于未来找工作会产生很大的负面影响。

二、劳动教育实践在社会中被淡化

受中国传统观念"学而优则仕"的影响，进入高校后，高校学生经常以"天之骄子"自居，不尊重劳动人民，尤其是体力劳动者，不虚心向劳动人民学习。我国"智育至上"的思想由来已久。高等学校在教学过程中，对学生文化课成绩相对关注，将智力教育作为教学重点，造成劳动教育所获得的资源较少，进而导致学生整体性发展受到约束，综合素质的提高面临冲击。受"劳心者治人，劳力者治于人"等传统思想观念的影响，许多人轻视体力劳动，甚至将体力劳动作为惩戒的手段，忽视了劳动教育所蕴含的精神价值。这使得劳动教育成为强加给学生的东西，快乐劳动变为被动劳动，造成高校学生主动劳动的意识不强，劳动态度消极。

步入新时代，一方面，经济全球化以及科技的进步，加快了信息传播的速度，拉近了各国人民彼此之间的距离，使各国经济联系更加密切、政治生态表现出多极化、文化交流出现多元化；另一方面，中国特色社会主义市场经济快速发展，社会进入转型期。因此，在新的社会历史条件下，大学生劳动教育表现出了新情况、新问题；西方自由、平等、独立等价值观念的冲击，对大学生的思想意识、行为习惯产生了巨大影响。社会上一些不良风气，比如享乐主义、极端个人主义、拜金主义等西方不良文化思潮强烈地冲击了当代高校学生的思想和劳动价值观，冲击劳动伟大等优秀传统思想，产生不良的社会影响。高校是学生人生观、世界观、价值观形成和稳定的关键时期，在不良思潮和不良风气的影响下，高校学生的劳动价值认识趋向功利化。很多高校学生对劳动的价值仅仅停留在实用主义的层面，没有认识到劳动是人的需要。现在部分高校学生一心只想追求高回报、少付出的工作，幻想一夜暴富，忽视了劳动的真正意义，只是简单地追求个人享受。这种错误的风气，在如今的社会中是显而易见的，不仅反映了社会上对劳动价值观的扭曲，更展现出劳动教育在社会中被淡化。面对目前社会上对待劳动的不良风气，更需要加强高校学生劳动教育，引导高校学生形成积极向上的、正确的劳动价值观念。

三、劳动教育实践在学校中被弱化

目前在我国的教育体系中，党和国家强调"五育并举"的教育方针，但是仍然普遍存在"重智育、轻德育"，将劳动教育归为思想政治教育的内容，或视为社会实践范畴等现象。步入新时代，党和政府对高校劳动教育提出了新要求，虽然劳动教育取得了一些教育成果，但是高校劳动教育仍然在劳动教育独立性、课程设置、师资配备、基础设施上存在很多问题，间接地弱化了劳动教育在学校教育中的地位。由于高校对劳动教育的重要性和必要性认识不足，才出现了劳动教育落实不到位的情况。

一方面，从目前的情况分析，劳动教育的独立地位在高校教育中有待加强，虽然部分高校将劳动教育纳入日常教育教学计划中，明确了劳动教育的目标和培养计划，但是在实际的教学过程中并没有将其落到实处，而是更多地将劳动教育归结于劳动技术教育、思想政治教育，劳动教育缺少独立性。劳动教育的课程设置也存在不合理，表现为课时量少、教育形式单一、拘泥于传统、缺乏创新性以及存在表面化、虚化的问题；劳动教育与其他教学内容相比较，高校更加注重科学文化的教育，而忽视劳动教育。

另一方面，高校劳动教育在教育投入上存在严重不足，主要表现为劳动教育师资力量不足，缺乏专门从事劳动教育和具有专业理论基础并且掌握科学教育方法的劳动教育教师。例如，部分高校虽然设立了劳动教育专项科研室，但是教师主要是由辅导员构成的，并非都是劳动教育专业出身，另又有行政工作，导致容易忽视劳动教育，教育效果也大打折扣。同时，高校在相关基础设施上存在配置率低的现象，高校学生劳动教育需要注重劳动技术的创新性、复杂性，所以高校为了追求更专业、更高效的劳动教育，必须为高校学生提供更加开阔的劳动场地和更完善的配套软体硬件设施。但是从目前的情况分析，大多数高校在学生劳动教育的配套设施上存在严重不足，薄弱的教育条件导致劳动教育效果不佳，更是与德、智、体、美、劳"五育"并举的目标背道而驰。

教育部印发的关于《大中小学劳动教育指导纲要（试行）》中明确规定，普通高等学校可在已有课程中专设劳动教育模块，也可专门开设劳动专题教育必修课。按照文件要求所有高校理应积极响应国家号召，开足开齐劳动教育相关课程。调查发现，只有70.38%的学生选择学校开设了专门的劳动教育课程，还有29.62%的学生选择学校未开设专门的劳动教育课程，说明仍然存在部分高校还未开设该课程的情况。同时，通过调查发现，高校劳动教育与公共思政课的联系较为紧密，而与专业基础课、大学生就业指导和创新创业课以及其他课程的联系相对而言较少，所占比例也不高。因此，高校要积极挖掘相关课程中的劳动元素，促使劳动教育内容有机融入学科专业的课程中，不断完善劳动教育的课程设置。

目前，大多数高校以劳动任务的完成量来对学生的劳动素养进行评价，不利于推动学生劳动素质的全面提升，而相比较劳动知识与技能、劳动过程的占比是最低的，说明高校更侧重于对学生进行结果性评价，对学生参与学习的效果进行过程性评价频率不高，过程性评价方式运用不足且评价方式较为单一。皖西学院老师带领学生进行校园清洁等体力劳动，没有具体的考评。安徽农业大学进行的园林养护、区域清洁等，同样没有学分，没有成绩，不进行考评。总体来讲，劳动教育考评机制需要加强力度进行完善。因此，高校要在实践中不断探索和革新劳动教育考评机制，进一步提升劳动教育的针对性与实效性。

第四节　高校学生劳动教育实践存在问题的原因分析

一、个人因素

社会主义进入新时代，这是一个新的历史方位，是基于我国经济社会发展的历史现实做出的正确判断。新时代，人们处于网络发达的社会之中，学生获得信息的渠道和方式都比较多，学生掌握的知识也比较多，因此当代高校学生的世界观、人生观、价值观已经基本形成，已经有了较独立而成熟的思想意识和行为能力。但是，我们可以发现，高校学生群体普遍出现了知与行的割裂和分离，尽管知道怎么做是正确的，但是往往不会去做，或者说是不愿意去做、懒得去做。这就是高校学生主体的隐退，导致知行不统一。

劳动能够创造历史、创造未来，甚至劳动也创造了人本身。很多高校学生都知道这个道理，但是他们没有发挥自身的主观能动性，缺乏对客观世界的认识和改造。当前，很多高校学生身上不同程度地表现出独立自主性差、自理能力不强、懒散拖延、奢侈浪费、眼高手低等不良习惯和行为，究其原因除了社会和家庭的风气影响之外，更多的就是个人意识上的问题。他们知道劳动可以创造幸福，但是他们没有正确的劳动观念，相反他们喜欢不劳而获，能偷懒就偷懒；他们知道脑力劳动与体力劳动都是劳动，但是他们往往不会参加体力劳动，只知道学习书本知识，缺乏强健的体魄和自主独立能力；他们知道勤奋可以造就成功，但是他们往往投机取巧，不能脚踏实地。这种主体隐退直接导致现在的大学生缺乏劳动意识、劳动精神、劳动习惯和劳动能力，劳动教育的价值被淡化。

二、家庭因素

习近平总书记指出，千家万户都好，国家才能好，民族才能好。他强调，家庭是人生的第一个课堂，父母是孩子的第一任老师；有什么样的家教，就有什么样的人；家风是社会风气的重要组成部分。英国著名的思想家、教育家约翰·洛克认为，家庭教育决定孩子一生的命运。因此，每个个体的身上都抹不去家庭影响的痕迹，原生家庭对青少年成长具有重要影响作用也得到了当前社会的普遍认可。如果一个家庭中，父母都勤俭持家，辛勤劳动，那么他们的孩子很大概率上也会传承这样的美好品质；如果一个家庭中，父母都好逸恶劳，铺张浪费，那么他们的孩子很大概率就不会有正确的劳动观念。当前大学生在劳动教育上出现的诸多问题，有很大一部分原因都是由家庭、家风引起的。

改革开放至今，我国社会经济取得了举世瞩目的成就，大多数家庭都富了起来，家里也不再缺少劳动力，与此同时很多家长的劳动观念也发生了较大变化。尤为明显的是很多家长都把劳动与学习对立起来，他们不会让孩子做任何家务，认为孩子只要把文化知识学好就行，将来上个好大学、找个好工作就人生圆满了，家务活不用孩子插手。在他们看来，做家务不仅是体力活儿，做了也没用，而且还会耽误孩子的学习。因此，许多大学生在进入高校校园之初会出现很多不适应的情况，例如不会洗衣服，把脏衣服攒起来邮寄回家给父母洗，再用快递邮回来，有的还不爱打扫卫生，甚至个人卫生也不讲究，导致寝室关系出现矛盾、个人心理出现问题。有的家长还这样告诫孩子，现在不好好学习，以后就只能出苦力、当清洁工，他们把体力劳动当作是不体面的事，就是吃苦受罪没本事。他们长期把这种观念灌输给孩子，孩子怎么可能热爱劳动、尊重劳动、诚实劳动呢？孩子自然就会厌恶体力劳动，躲避劳动，鄙视劳动。家长对孩子劳动观念的形成具有极大的影响作用，家风示范是导致孩子劳动教育观念虚化的重要因素。

三、社会因素

受传统思想影响，社会上依然存在对劳动和劳动教育认识缺位、宣传不够的情况。有些人认为脑力劳动比体力劳动高级，于是只重视文化课，轻视实践课，或者只是应对上级检查，导致许多大学生缺乏劳动、敌视劳动，进而导致体魄不强、意志不坚，劳动教育的目的也因此异化。

改革开放40多年来，我国社会经济发生了翻天覆地的变化，在我们享受着改革开放、市场经济带来的红利时，一些负面的作用也随之而来。例如西方的享乐主义、拜金主义、个人主义、自由主义等错误思潮也涌入我国，对当代青年产生了许多负面的影响。有些人渴望一夜暴富，盲目追求物质享受，不事生产，不事劳动，把吃喝玩乐作为人生唯一目标和最大乐趣；有些人只在乎个人利益，不在乎集体利益，成为"精致的利己主义者"；有些人不仅认为金钱是万能的，而且还把是否有钱作为衡量一个人成败得失的唯一标准，为获得利益不择手段，钻空子，投机取巧，甚至触犯法律；有些人被西方的"自由主义"蛊惑，追求"绝对自由"，忽视了自由的边界；有些人认为"干得好不如嫁（娶）得好"，追逐不劳而获……这些负面作用的最终结果就是导致个人价值和社会价值的割裂，使得劳动教育的目的异化，成为追求利益的工具。

四、高校因素

在高校这一层面，高校学生劳动教育出现问题的根源主要是高校对劳动教育的认识缺位，重视程度不够，导致劳动教育的功能退化。在认识上，高校对劳动教育并不重视，没有充分认识到劳动教育对大学生价值观和行为习惯养成的重要作用，因此大多数高校并没有把劳动教育纳入人才培养体系中，更加缺乏科学的管理制度和保障制度，在顶层设计上，劳动教育处于隐形状态；在资源配置上，高校对劳动教育的相关投入甚微，甚至没有投入，缺乏师资力量，缺乏活动场所，甚至很多高校没有正式的劳动教育方面的教师，高校学生没有接受过系统、科学的劳动教育；调查显示，绝大多数高校都没有设置劳动教育课程，既没有理论课，也缺乏实践内容，仅有的劳动教育内容也是体现在思政课中或者体现在平时较少的实践活动中，这使得高校学生对劳动的意义和价值没有清晰的认识，对劳动教育也没有直观的感受；在校园文化塑造上，许多高校的校风校训等校园文化都缺乏劳动教育的因子，因此劳动教育整体上在高校中是处于隐退状态的。以上的种种现实情况都说明当前高校的劳动教育急需加强，必须从认识上、投入上、设计上、评价上做出努力和改变，否则劳动教育在高校的地位和功能仍然会处于式微的状态。

自从1977年恢复高考以来，我国逐步推进以培养学生身心综合素质、促进学生全面发展为目标的素质教育，实现了从基础教育领域向高等教育领域的拓展。虽然素质教育取得了一定的进展，但一些问题的呈现更加复杂，解决起来更加困难，虽几经努力，仍没有达到预期的效果。目前依然有许多高校为了让学生在学习成绩上取得成就，彰显自己的综合实力，在教学理念上都重视文化知识的教育，片面重视学生智育，忽视了其他"四育"，其中尤其缺乏对劳动教育的重视，高校对劳动教育所投入的教育教学资源和资金极为有限，在整个高校教育中所占比例较小。高校唯分数是从，唯文凭是从，唯论文是从，使学生远离了社会实践，学生动手实践能力没能得到有效培养，与素质教育目标背道而驰，不符合我国教育改革发展主题，违背了教育与生产劳动相结合的指导方针。

第四章

高校劳动教育实践的对策和措施

开展劳动教育是遵循国家教育方针的必然要求，是推进素质教育实现学生全面发展，进而成为推进民族事业前进的时代新人的有效手段，也是全球化趋势下自觉抢占人才竞争先机的重要途径。高校劳动教育实践培养应当明确坚持以学生为主体、坚持理论与劳动教育是一项长期性工作，需要各方协同发展。加强高校学生劳动教育实践不能简单地归咎为学校单方面的责任，在国家相关文件中已经明确指出社会、学校、家庭要共同参与、协同推进劳动教育。高校学生作为劳动教育实践培养的主体，是劳动教育获得感最直接的参与者、享受者。为此，在加强劳动教育实践的对策和措施上还离不开高校学生自身的努力。因此，本章主要从社会、学校、家庭、个人四个维度出发——发挥社会的支持性、学校的主导性、家庭的基础性和个人能动性，有针对地提出对策和措施。坚持理论与实践相结合、传承与创新相结合、普遍性与针对性相结合的基本原则，通过各个渠道拓展高校学生劳动教育实践的途径，培养德、智、体、美、劳全面发展的社会主义现代化建设人才。

第一节 发挥高校学生个人在劳动教育实践中的主体作用

着力加强高校学生劳动教育实践，不断推进劳动教育在新时代的高校学生中走深走实，毫无疑问，这将是一个牵涉面极其广泛的系统性工程，它不仅需要强化顶层设计，制定出既高屋建瓴又操作性强的宏观教育发展蓝图，也需要打造成长空间，在全社会营造起一个人人热爱劳动、崇尚劳动的昂扬氛围。当前，高校学生对劳动教育的片面性认识依然存在，如劳动内涵的狭隘理解，认为劳动就是体力劳动；或者是娱乐化劳动实践，认为劳动实践就是随便到企业、工厂参观一下。高校学生对劳动教育的认识至关重要，参与劳动教育的积极性和主动性同样也影响着教育效果的发挥。因此，要注重发挥高校学生的主观能动性，提高自我学习、自我管理、自我反思意识，从而转化为内在的发展动力，提高自身综合素质。

一、高校学生应加强自我教育

加强和推进当代高校学生劳动教育实践，必须发挥高校学生自身的主观能动性，尤其是当代高校学生自身的自我教育能动性。这一点是非常重要的，因为教育，不管是什么样的教育，说到底都依赖一种学习能力的养成，这种能力在很大程度上指的就是学生自身的自我教育能力。在新时代的社会发展阶段里，我们党和国家做出推进大学生劳动教育的决策及部署，在根本上就是要让广大当代的高校学生都能从内心深处养成一种自我劳动教育的能力。这样，劳动教育才能由一种外在的引导性教育转化为一种内生性的自觉追求，才能为经济社会的快速发展、为中华民族的伟大复兴源源不断地培养出一代又一代的建设型人才、创新型人才，进而不断夯实经济发展、民族复兴、幸福生活的人力和智力基础。而加强高校学生自身的自我劳动教育实践能力，最根本的就是要加强高校学生劳动的自我理论教育能力和自我实践教育能力。

若想不断提高和增强高校学生劳动教育的自我教育能力，就必须高度重视大学生自身的劳动理论的自我学习能力。加强大学生的这方面能力的培养和学习，具有重要的社会意义，这种意义集中地反映在习近平总书记的如下讲话中："青年一代的理想信念、精神状态、综合素质，是一个国家发展活力的重要体现，也是一个国家核心竞争力的重要因素。"所以说，作为新时代青年群体主要组成部分的当代大学生，其自身劳动能力，尤其是其自身的劳动理论学习能力，将在很大程度上决定着我们国家与民族的精神面貌和理想追求。因为劳动理论的自我学习，与其他的理论学习不是一回事，也就是说它不是单纯的知识论的学习，相反，它更多的是价值观的学习和培养。所以大学生在推进劳动理论自我教育的学习过程中，培养起来的不仅是一种能力，更是一种科学的、积极向上的价值观。

那么，应该怎样引导当代高校学生培养这种劳动理论教育的自我学习能力呢？笔者认为最为重要的就是加强和深化以马克思主义劳动理论为主要内容的自我学习。一方面大学生要认真地学习马克思主义经典劳动理论，从经典的理论文本出发，反复阅读和领会；另一方面要结合时代，从实际出发，自觉加强对中国化的马克思主义劳动理论的学习和研究，只有这样，才能真正掌握完整科学的劳动理论。这一点至关重要，马克思主义劳动理论的最大特征就是科学性与价值性的辩证统一，新时代大学生在自觉加强这方面理论学习的过程中，必然会一方面提高自身劳动的理论化觉悟，另一方面将不断地形成和巩固热爱劳动、崇尚劳动的价值观追求，从而形成正确的劳动观。而有了这样的劳动观，当代高校学生在劳动教育方面的主观能动性，将得以最大限度发挥。

要不断提高和增强高校学生劳动教育的自我教育能力，当代高校学生还必须注重开展旨在提高自我实践能力的学习活动。这种实践学习活动，当然可以采取多种多样的学习形式，但是在组织这些学习活动的时候，必须高度重视发挥大学生自身的实践创造能力。强调这一点是非常必要的，因为要培养和彰显大学生在劳动教育问题上的主观能动性，不能对这种主观能动性的理解过于狭隘，认为只要有某种劳动的意识就够了，而完全不顾及当代高校学生那种非常独特的创造性活力。如果这样的话，那是极端错误的，因为高校学生所要培养的劳动能力，更多的是指那种科学劳动的实践能力，而这种科学劳动的实践能力，在某种意义上就集中地体现在大学生对学习活动的创造性理解和追求上。这种理解和追求，是包括形式和内容两方面在内的。

在学习方面，高校学生加强自我管理能力的培养和彰显，就要注意在归类整理自己的学习用品、学习笔记上下功夫。一方面，对于自己的学习用品，比如教材，要爱护它们，不要让它们遭受不必要的损毁。因为这些教材书本是知识的载体，是增长大学生自身才干最为重要的学习媒介。加强书本管理，是高校学生加强自我管理最为切实的内容之一。而且在书本管理的过程中，高校学生可以培养自己分类管理的能力，尽可能地把不同门类的书本归并到一起，这样不仅可以便于查找和翻阅，而且可以提高自我管理的意识和水平。另一方面，对于自己在学习过程中或者在听课过程中随手记下的学习笔记，也要注意对它们加强"管理"。也就是说，要及时对它们进行分类整理、消化吸收，如果说对书本的"管理"是一种更偏向于有形管理的话，那么对学习笔记的"管理"则更多的是一种无形管理。而在做好这两项管理工作的过程中，高校学生在学习方面的自我管理能力就会得到切实的提高和彰显。

二、高校学生要加强劳动教育实践的自我管理

推进和加强当代高校学生劳动教育实践，当然不能忽视高校学生自身的主观能动作用，但是，高校学生自身的主观能动作用，不是一个简单、空洞的形而上学命题，相反，它包含着无比丰富的内容，而在这些丰富的内容当中，最为基本的就是高校学生的自我管理能力。离开自我管理能力的培养和彰显，高校学生自身的任何自我教育，都将是一句徒然"震撼世界"的抽象词句。那样的话，不但劳动教育的自我教育目的将注定落空，而且可以毫不夸张地说，任何有效的、科学的教育都将

无从谈起。可见在新时代推进和加强劳动教育，首要的就是加强高校学生的自我管理能力，让高校学生自身成为劳动教育走深走实的第一内生动力。而对于高校学生的自我管理能力，在这里着重从生活和学习两个方面来加以分析和论述。

第一，高校学生要提高生活上的管理能力。高校学生在生活上的管理，尤其要注重健康、安全、金钱等方面。现在的高校学生多为独生子女，从小依赖父母，长大后不仅精神上缺乏独立性，生活上也有严重依赖性。因此，高校学生要做好自我管理，首先就要在生活上展现独特魅力，如要学会整理、摆放自己的床褥和私人用品，勤洗衣物、鞋子，时刻保持整洁干净的形象。此外，高校学生还要加强宿舍集体生活管理，制定宿舍卫生打扫制度表，并按照要求严格执行，时刻保持宿舍卫生，展现整体良好风貌。在宿舍生活中，也要加强集体生活的管理能力，比如要协商一致地制定宿舍卫生轮班制度，每天都要有专人负责打扫宿舍卫生。而高校学生自觉地执行这种卫生制度，本身就是高校学生加强自身管理能力的重要方面。这是对于那些选择宿舍生活的学生而言的，其实对于在自己家里生活的那部分学生而言，以上基本上也是适用的。不过要特别强调一点的是，在家里生活，在做好个人的生活卫生工作的同时，也要注意在不影响自身学习的前提下，在力所能及的范围内，要尽可能地帮助自己的父母做家务。其次，要注重管理好自己的生活习惯，抽烟、喝酒、熬夜会严重损害身体健康，要加强体能锻炼，积极参加社团组织，提高身体素质和身心健康发展。再次，大学生要注重金钱管理。部分高校学生在学校花钱挥金如土，追求享受，喜欢攀比，给家庭造成严重的经济负担。高校学生要养成勤俭节约、艰苦奋斗的精神，要"以辛勤劳动为荣、以好逸恶劳为耻"，尊重劳动、尊重劳动成果；要将钱花在"利刃"上，树立正确的消费观。

第二，高校学生要提高学习上的管理能力。大学是一个自由的地方，学生进入学校后没有了中学教师的严格要求和监督，可支配时间增多。在这种环境下，对于那些自我管理能力弱、自我意识低的学生而言，往往会白白浪费大量宝贵时间。如在公共课上玩手机，利用课外时间逛街、上网、看电影，导致业余时间没有得以有效利用。因此，高校学生要加强学习管理，合理管理学习时间，学会管控时间，制定一份切实可行的时间规划表，并按照规划严格要求自己。善于管理时间的学生相对而言更明确自己应该做什么、不该做什么，以有限的时间发挥出最高的效率。

三、高校学生应形成良好的劳动习惯

一个人如果拥有良好的劳动习惯，做事情就总是能够有计划、有步骤且效率高。然而好的劳动习惯并不是与生俱来的，而是需要在日常生活中不断锻炼积累。

养成良好的劳动习惯对于高校学生自身的个性培养、价值观的塑造具有重要的意义。形成良好的劳动习惯，首先需要养成"自己的事情自己做"，自我服务的劳动习惯，例如讲究个人生活卫生、主动学习做饭、完成基本的家务等，养成主动承担家务的好习惯。其次，在集体中养成"他人的事情帮着做"的良好劳动习惯，不过分计较个人得失，主动承担集体责任，例如积极参加学校组织的劳动周、开学大扫除等劳动实践活动。最后，在公益活动中培养良好的劳动习惯，积极主动参加慰问敬老院、脱贫助农、乡村支教等志愿活动，不仅能够提高自己的实践能力，而且能够培养自己良好的劳动习惯。

当代高校学生，一定要拥有时不我待、只争朝夕的顽强拼搏精神，在劳动的过程中培养耐心，磨炼意志，提升解决问题的能力，感受劳动带来的幸福和快乐。广大青年学生要坚定辛勤劳动、诚实劳动、创造性劳动的信心和决心，既要努力学习科学文化知识、练就过硬本领，又要坚定理想信念、锤炼高尚品格、培育劳动情怀，真正上好劳动教育这门"必修课"，在学习生活中充分发挥积极性、主动性和创造性，争做新时代的奋斗者。高校学生若盲目自大，过度自信，不愿意从小事做起，只想当人上人，实际能力和心理预期差距太大，最后的结果就是步入社会后找不到称心如意的工作，钱少事多的工作更是不屑于去做，陷入高不成低不就的困境。在现实生活中，这种情况并不少见。因此，高校学生要引以为戒，加强实践锻炼，从身边小事做起，慢慢积累经验。

四、高校学生应加强自我升华

在当代，推进和加强劳动教育实践，不能忽视或轻视高校学生自身的主观能动性，而高校学生的主观能动性，不仅体现在高校学生自觉加强自我管理、自我教育和自我反思上，而且更体现在高校学生要在劳动教育实践问题上注重自我升华。因为没有自我升华，自我管理、自我教育、自我反思都很难有质的突破，这是一方面；另一方面，大学生在劳动教育实践问题上，自觉加强自我管理、自我教育、自我反思，这样一来便很自然地会产生出自我升华的效果。这是自我教育颠扑不破的教育辩证法。这里所谈及的"自我升华"，指的是高校学生养成了这样的一种习惯，或者说萌生了这样的一种觉悟，即能够把个人的劳动与社会、国家、民族的长远发展目标融合起来，把个人价值与社会价值交融起来，使大学生都能树立起正确的、有意义的、高度契合马克思主义的世界观、人生观、价值观。一言以蔽之，高校学生在劳动教育问题上加强自我升华，关键就是要正确处理好个人发展与国家发展、民族未来之间的辩证关系，也就是觉悟到它们之间合二为一的辩证关系。

一方面，高校学生要努力树立起这样的个人劳动价值观，即个人的自我奋斗、自我劳动的价值取向,只有与国家发展、民族未来同向同频时,才是正确的、大有前途的康庄大道。在马克思看来,个人与国家、民族之间的关系,不是彼此孤立的、相互绝缘的关系,个人不可能脱离国家、民族而生存和生活,更不可能脱离国家、民族的发展而得以单独发展。相反,个人的发展、个人价值的彰显,离开国家和民族的长远发展也是不可能的。这种不可能集中反映在个人发展的广阔平台和前景,正是依赖国家和民族的长远发展来不断拓展及开辟的。换句话说,是国家和民族的长远发展和美好前景为个人发展提供了某种可能性。这一点,也正是开展劳动教育的一个出发点。当代的劳动教实践育,就是要让高校学生觉悟到这一点:没有国家和民族的长远发展,个人发展也将只是一条注定没有多大前途的死胡同。做到这一点,是劳动教育实践的教育目标,更是高校学生个人自我升华的重要方面之一。

另一方面,高校学生要努力树立起面向社会的劳动价值观,即个人的劳动,不仅仅是个人的事情,更是整个国家和民族的事情;不仅关乎个人的幸福生活,更攸关中华民族的未来命运。也就是说,劳动的重要性不仅体现在个人的发展,还对社会和国家的繁荣起到关键作用。而当代高校学生作为国家和民族的未来,更应有此觉悟、有此抱负、有此信念。只有树立了这样的劳动价值观,高校学生才会不断提高自我觉悟,不断进行自我升华,从而更加自觉地加强和推进自身的劳动教育实践。

第二节　发挥家庭在高校学生劳动教育实践中的基础作用

前苏联教育家苏霍姆林斯基十分重视家庭教育。他强调,家庭是人们多方面的关系(经济的、道德的、精神的、心理的、美学的)基层细胞,孩子的"和谐全面发展""健康成长"都和家庭教育直接有关。他认为家庭教育的重要任务是促进孩子个性全面和谐发展。英国著名的思想家、教育家约翰·洛克曾经说过:"家庭教育决定孩子一生的命运。"《国家中长期教育改革和发展规划纲要(2010—2020年)》明确提出了家庭教育在教育改革和发展中的地位及作用,特别指出"充分发挥家庭教育在儿童少年成长过程中的重要作用。家长要树立正确的教育观念,掌握科学的教育方法,尊重子女的健康情趣,培养子女的良好习惯,加强与学校的沟通配合"。家庭教育是每个人接受教育的起始点,父母对孩子的影响是潜移默化和深远持久的,每个孩子的身上多多少少都体现了父母教育的成果。每个孩子的价值观、道德品质、生活习惯等方面都会印刻上家庭特有的风格。因此,当代加强高校学生劳动教育实践要充分重视家庭育人的效果,发挥家庭在劳动教育实践中的基础性作用。

一、父母要注重建设良好家风

一个家族的发展理念、对后人发展的希望往往是通过这个家族的家风来体现的，家风是家庭成员道德水平的体现，更是一个家族的风尚。优秀的家风包罗万象，例如人的全面发展和真正的人人平等，再如中华民族优良传统家风及红色家风等。良好的家风具有促进家庭和平幸福，带动社会发展，服务国家和人民的重要作用，与社会主义核心价值观紧密相连，密不可分。由此可见，在塑造一个家族的家风时要着重继承传统美好家风，传承中华家训经验，从经验中获取精神力量。家训中的勤俭节约观念，贯穿古今，生生不息。"勤"代表着勤奋、努力；"俭"就是俭朴。古人云："俭，德之共也；侈，恶之大也。"勤俭是个人修为、家庭氛围向好的重要因素，表现为珍惜他人劳动成果，学会节约俭朴持家。勤俭持家是中华民族的优良传统，是中华民族几千年来生生不息的关键。家风教育和弘扬勤俭持家的精神在学生成长中有着举足轻重的作用，首先可以让其养成良好的习惯，养成勤俭节约的优秀道德修养；其次能够帮助其形成正确的劳动价值观和正确、健康的消费观，避免浪费，让其直截了当地将自己的消费水平与家庭的收入水平相匹配，不要过度消费，不要不劳而获，也不要看不起穷人，以免学生形成错误的人生观。良好的家风能提高学生的精神道德修养，让勤俭节约贯穿在家庭生活之中，在不知不觉间影响学生，教育学生。现在"00后"高校学生不仅和自己的父母生活在一起，也有一部分是和爷爷奶奶一辈子生活在一起，祖辈是经历过用双手创造幸福生活的人。因此，作为父母、长辈应该让这种艰苦奋斗的精神也作为良好的家风影响后代，进而促进良好家风的再次升华。

二、父母需转变教育理念

家庭劳动教育要日常化，充分发挥其基础作用，家庭劳动教育要融入于日常生活，让家长充分意识到劳动教育的必要性和重要性。"望子成龙，望女成凤"是每个父母的共同愿望，希望孩子能成为"人上人"，不再从事辛苦的体力劳动，导致在家庭教育中仍然存在重智轻德、重成绩轻素质的现象。殊不知现在已经不是一个"唯分数"论的时代，只有综合素质好、动手实践能力强的大学生才会拥有更广阔的发展平台。因此，父母应该转变自己的教育观念，不能只注重于追求名牌大学、高分数的教育理念，应该更多地关注孩子全面的发展，着重培养孩子的兴趣爱好，尊重孩子的职业选择，给予孩子更多的实践锻炼机会。劳动就在我们身边，日常生活中处处都有劳动，人生而平等，每个人都拥有参加劳动的权力，即便是养育我们的父母也不能单方面剥夺孩子参与劳动的权力。在家庭生活中，父母溺爱子女，从小不让孩子做任何家务，到了大学本是应该独立的年龄，父母的关心爱护却只增不减。父母看似是在爱护自己的孩子，其实这种过度宠爱，不仅减弱了孩子的劳动意识，也毁掉了孩子的动手能力，久而久之，就会间接地养成错误的劳动价值观。当孩子步入高校，需要与父母分开生活时，他们缺少洗衣服、打扫宿舍卫生等最基本的生活能力，这时才体会到之前父母的溺爱其实是不利于自己独立的生活。因此，父母应该转变劳动教育理念，用正确的方式来爱孩子，把握好分寸，在家庭生活中有意识地培养孩子的劳动意识，引导他们自己的事情自己做，他人的事情帮着做，公益的事情积极做，学会自我管理，合理安排家务，有意识地训练孩子，培养孩子成为一个独立的自我，为日后独立生活做好铺垫。

三、父母要注重发挥榜样作用

家庭教育环境中父母所展现出来的特点对教育观念的培养有着十分重要且无可替代的作用。而家长作为学生的启蒙导师，又有着营造良好家庭环境，让学生树立正确劳动价值观的义务和责任。所以，无论何种教育，父母都应该注重发挥自身的榜样作用来帮助孩子塑造人格和建设自己的人生。从心理学的角度来看，人类行为的发展在某种程度上是模仿，这是学生学习的最基本方式之一，而父母和孩子之间的关系则可以理解成为彼此映衬的镜像两面。孩子会下意识地模仿父母的行为举止，从而形成与父母相似的人格。但对于以往的一部分家庭来说，父母不能够及时对学生进行正确的劳动教育，造成很多大学生在进入大学之后，缺失自理能力的事情时有发生，让人惊愕。这种现象多发的背后也有相当一部分原因是父母在家中并没有以身作则、以身垂范而造成的学生在家庭教育环境中一味"模仿"导致的自理能力减退。父母在日常生活中的亲情感化与榜样引领，都对学生的劳动意识培育有着举足轻重的作用。在 2019 年，有一个题目为"贫民华裔妈妈培养出两个耶鲁亿万富豪，靠的竟是'让他们都做家务'"的新闻引起了很多人的关注。新闻中贫民华裔妈妈勤劳能干，热爱劳动，用自己的实际行动感染并带动了两个孩子。国民教育体系和社会教育无法替代的是家长在启蒙阶段的言传身教，因为父母的言行对大学生价值观的浸染可以称为是初期植入的。所以，父母只有在家庭劳动教育中身体力行才能使得劳动教育的思想政治教育功能充分发挥。因此父母应通过身体力行地做一些家务为孩子树立榜样，向孩子传输热爱劳动、尊重劳动、热爱工作岗位的价值观念，向孩子传达平等对待体力劳动和脑力劳动者，以实际行动来释放思想政治教育功能。作为父母要勤于思考如何利用父母的这个身份特性，在日常生活中发挥好榜样作用，做孩子的表率，与孩子共同参与劳动实践活动，在遇到困难时及时正向引导，杜绝孩子对于劳动仅仅停留在劳动又苦又累的肤浅理解层面，相反要积极正向引导使其形成正确的劳动观。从而让孩子将"劳动最光荣,劳动最美丽"的意识厚植于内心深处,让其在向父母学习时能深刻体会到劳动的美丽与劳动能为个人、为家庭所带来的幸福快乐。

四、父母要积极引导提高孩子的劳动兴趣

在劳动教育过程中,父母要发挥积极引导作用,让孩子懂得劳动没有高低贵贱之分,要学会尊重劳动、尊重劳动者,改变用"有色眼镜"看待劳动这一职业的态度,从而激发孩子的劳动兴趣。在劳动教育过程中,对劳动表现优异的子女首先要做出肯定,认同他们取得的成绩,并通过言语进行口头表扬;其次,对于孩子在劳动中存在的不足,父母要耐心指导、悉心教育,而不是一味地指责、训斥孩子,这样只会打消孩子参与劳动的兴趣。再次,对于一些不爱劳动的孩子,父母要给予合适的物质奖励来引导其参与劳动,使其亲身体验劳动带来的快乐、养成爱劳动的习惯。与此同时,父母还要多让孩子参与社区义务劳动,在劳动中教育孩子无偿劳动的特殊意义,懂得金钱不是万能的,要在劳动实践中追求精神上的享受、实现灵魂上的升华。

第三节 发挥社会在劳动教育实践中的支持作用

社会是开展劳动教育实践活动的最大场所,良好的社会环境对高校学生劳动观的形成具有重要意义,因此,要充分发挥社会在劳动教育实践中的支持作用,打造积极的社会发展空间。要充分发挥各级党委和政府在社会劳动教育实践中"掌舵人"的作用,强化工作责任,规范行为引导,加强监督,全面落实,推动劳动教育实践不断深化、落地生根。社会作为当代高校学生劳动教育的重要阵地,为劳动教育实践提供最前沿信息与最大活动场地,是当代高校学生劳动教育实践多种形态的主阵地和未来教育成果的输出地。因此,营造积极正向的社会发展环境,提升全社会整体劳动教育实践氛围和重视程度,鼓励社会各界积极配合高校劳动教育实践,并为其提供更加广阔的实践场域和成长空间,是加强当代高校学生劳动教育实践的重要途径。

一、充分发挥各级政府的主导作用

高校学生劳动教育实践作为国民教育体系中不可或缺的重要环节,不仅关乎国之大计、党之大计,也是高校学生成长成才过程中服务国家及社会发展的动力支撑,需要各所高校、学生家庭、各级政府和社会各方面构建多渠道责任链条,形成

有效教育合力。各级政府肩负着指导、监督、支持责任以及构建完整链条、让链条有效运行的责任。地方各级政府在加强高校学生劳动教育中要充分发挥主导作用，各司其职，强化落实，打通学校与社会、教育与生活的壁垒围墙，促进当代高校学生劳动教育全域推进、全面开花、不断深化、落地生根。

2020年发布的《关于全面加强新时代大中小学劳动教育的意见》清晰阐明了各级党委和政府的工作职责，强调各级政府要在重点工作任务中明确列出劳动教育内容，推动建立实施劳动教育的长效机制。地方各级党委要认真贯彻执行国家关于大学生劳动教育的大政方针和决策部署，以政府文件形式明确各方面的劳动教育责任，从战略全局的高度突出问题导向，结合地方实际情况和区域特色制定切实可行、具体可操作的指导方案，将高校学生劳动教育列为重点工作并予以大力支持和有序统筹推进实施，做到真研究、真重视、真保障。同时，各级政府要深入了解广大劳动群众当前最关心的现实问题，切实保障劳动者的合法权益和主人翁地位，加强劳动教育的正向宣传和推广，强化价值观引领，坚守舆论阵地领导权，牢牢把握正确的舆论导向，弘扬社会主义核心价值观，唱响新时代劳动美的主旋律，营造公平正义的社会氛围，为当代高校学生劳动教育实践保驾护航。

社会实践赋予了劳动广阔的发展空间，为其提供了更多的教育资源。2020年3月，中共中央国务院发布了《关于全面加强新时代大中小学劳动教育的意见》，指出：要结合当地在自然、经济、文化等方面条件，充分挖掘行业企业、职业院校等可利用资源，宜工则工、宜农则农，采取多种方式开展劳动教育。各级政府要统筹规划劳动教育社会实践资源，建立开放共享机制，满足高校劳动教育活动的多元性。一方面，政府要注重农村资源的建设。农村地区有许多资源是天然形成的，如农田、山林、草地，无须加工就可以直接用作劳动教学活动场地。政府要充分利用好现有资源，通过签署协议的方式，为劳动教育建设学农实践基地，并积极鼓励学生来地实践。将劳动课堂迁移至田野间，带领学生走出书本、走出书斋、走进现场、进入情景，从中获取最为直接的劳动经验，这也是开展实践劳动的初衷。此外，政府可以诚挚邀请或者聘用当地的农业工作者共同参与进来，通过他们的实际经验来指导高校学生认识劳动、正确劳动，不断在实践中改观劳动认知，自觉接受劳动教育。另一方面，政府要与乡镇企业、家庭手工作坊等工业建立合作，为高校学生建设一批学工实践基地，从而保障一个专业多个基地的教学要求。高校学生能在实践基地中直接接触和了解真实的劳动生产流程，接触新技能、新设备、新知识、新境况，获得除课本知识以外的东西，提高专业实践能力，真正为未来职业打下良好基础。政府组织领导并积极参与其中，为其发展提供了坚实堡垒。

二、鼓励社会共同参与劳动教育

开展大学生劳动教育仅仅依靠大学生自身、家庭、学校的力量是远远不够的，还需要社会各方力量的共同支持和帮助。

企事业单位作为社会生活的重要组成部分，要积极参与劳动教育，承担社会责任。一方面，企事业单位是劳动的第一现场，是高校学生最好的实践基地。企事业单位拥有很多科研基地，它们都是直接参与研发和生产的重要单位。因此，他们更要充分发挥自身优势和便利条件，积极开展劳动教育，开展产学研相结合、实习实训等多种方式的劳动教育活动。另一方面，企事业单位是培养劳动模范、大国工匠、科技人才、先进人物的重要场所，要充分发挥人才优势，做好对青年学生的传帮带。在企事业单位内部组织选拔一批劳动模范标兵，发挥模范带头作用，用亲身工作经历现身说法，对高校学生的专业知识和业务能力进行点评和指导。让高校学生在劳动模范的熏陶下养成良好的劳动习惯，理解劳动和劳动者的伟大，树立正确的劳动观和理想信念，为日后毕业步入社会、成为一名优秀的劳动者奠定坚实基础。

充分发挥工会、共青团、妇联等群团组织的作用，共同推动劳动教育的实施。工会在开展协同教育中有着丰富的资源和独特的优势。一方面，要学会充分利用工会的优势，联系高新企业，提供场地支持；另一方面，工会要配合学校党政部门抓好教师的队伍建设，注重提升教师专业能力、师德师风建设，实现教人者先受教。共青团与青年联系密切，不仅具有丰富的组织、活动资源，而且了解新时代青年的个性特点，从而选用适合当代青年的方式和方法开展劳动教育。新时代开展高校学生劳动教育要充分利用共青团组织的优势，加强与学校、家庭的联系，发挥协同育人作用。妇联是妇女群众组织，在联系广大妇女方面具有巨大优势，尤其在开展家庭劳动教育中，妇女发挥着关键作用。妇联要开展丰富多彩的活动，对女职工家长进行培训，以建设良好的家风为中心，增加她们对开展劳动教育重要性的认识，掌握劳动教育知识和方法，为开展孩子的劳动教育打下坚实的基础。

三、营造积极劳动教育氛围

陶行知先生在20世纪20年代提出"社会即学校""生活即教育"的教育思想，这对21世纪的高校学生劳动教育实践、纷繁复杂的社会环境同样适用。社会文化主要通过物品、社会制度、文字符号以及人们的生活方式、情感表达方式、思维方式等形式影响着高校学生劳动观的形成。马克思认为："历史的每一阶段都遇到一定的物质结果，一定的生产力总和，人对自然以及个人之间历史地形成的关系，都遇到前一代传给后一代的大量生产力、资金和环境，尽管一方面这些生产力、资金和环境为新的一代所改变，但另一方面，它们也预先规定新的一代本身的生活条件，使它得到一定的发展和具有特殊的性质。由此可见，这种观点表明：人创造环境，同样，环境也创造人。"既然人的性格是由环境造成的，那就必须使环境成为合乎人性的环境。优良的社会文化氛围在高校学生劳动价值观形成发展过程中发挥着积极的促进作用，而恶劣的社会文化氛围在高校学生劳动价值观形成过程中起着消极的阻碍作用，加之高校学生的劳动价值观念尚未完全成熟，进入高校后，高校学生一方面在劳动行为方面开始具有主动性，另一方面在劳动思想上离开家庭的约束，在这一时期，社会文化环境对高校学生劳动价值观的形成尤为重要。因此，为了确保高校学生正确劳动价值观的形成，要加大力度宣扬马克思主义劳动价值观，营造良好的社会文化氛围，在全社会范围内形成积极向上、健康有序的社会风气，让高校学生在社会文化中不知不觉地受到感染和熏陶。

要在全社会形成一种劳动光荣、劳动伟大的社会氛围，社会劳动教育实践必须借助大众传媒来倡导主流劳动教育实践，通过多种渠道对高校学生进行马克思主义劳动教育理论知识的传授，让有关劳动光荣、劳动伟大的宣传标语、口号、横幅越来越多地出现在城市的各个地方，体现出整个社会对劳动教育实践的强烈关注。具体而言，广播电视可以增设劳动教育实践相关方面的栏目，拍摄、播放突出劳动光荣、劳动伟大的影视作品以及相关纪录片。同时可以邀请劳模们做专场报告，通过他们的现身说法，传递在平凡的岗位上也可以做出不平凡成绩的思想。通过"五一展劳动身影"摄影大赛、"五一拍劳动之手"等多种大型摄影比赛，鼓励人们用镜头去捕捉劳动者们的身影，展现劳动者的勤劳之美。与此同时，车载视频、微电影、话剧、网上论坛等媒体宣传活动的开展，为拓宽马克思主义劳动教育理论宣传渠道，营造劳动光荣、劳动崇高、劳动至上、劳动伟大的社会风气形成提供了一个广阔的平台，为高校学生劳动教育实践做出很好的示范。应该说，这些都是信息时代赋予当代高校学生社会劳动教育实践的一项新的重要任务。

需要特别指出的是，高校学生劳动教育实践途径除了家庭、学校、社会外，朋辈群体也是一个重要的因素，且朋辈群体影响力在逐渐上升。特别是对于高校学生而言，学校住宿的时空特点决定了父母已不再能够给孩子以更多的劳动知识、劳动技能以及解决劳动问题所需要的能力。当代高校学生们更多的时间是在学校里与宿舍同学、社团成员、班上同学等朋辈群体一起度过的。因此，充分认识朋辈群体学生劳动教育实践形成和发展中存在的客观性、必然性，高度重视并遵循大学生朋辈群体在大学生劳动教育实践中发挥作用的规律，及时准确把握高校学生朋辈群体的类型和性质，对于当代高校学生劳动教育实践具有积极的促进作用。

第四节 发挥学校在劳动教育实践中的主导作用，构建劳动教育实践的长效机制

学校作为培养高素质专业人才的摇篮，自出现以来就成为教育活动开展的主要场所。柏拉图在《理想国》中就明确指出，勇敢的品质、强壮的体魄和良好的艺术素养是培养国家公民的教育原则。阿尔蒙德认为："学校可以加强或增添人们对政治体系的好感，它们也能提供共同的信条，用以使人们对共同体和政权做出富有感情的响应……学校还使学生们接触到了某些权威性的决策模式。"现阶段的高校学生大都处于20岁左右年龄阶段，虽然已经具有了一定的成人意识，但其世界观、人生观、价值观仍然处于一种不稳定状态，加之高校学生的入学方式大都是住读，专科、高职2~3年，本科4~5年，硕士2~3年，博士3~6年，几乎都是在学校度过的，因此，在这个时期通过学校教育这一途径，不仅可以发挥教师、课程、教学的优势，而且可以通过各种校园文化、寝室文化的活动建设为大学生劳动教育实践提供丰富的教育资源。构建当代高校学生劳动教育实践体系，必然要坚持问题导向和目标导向，把握高校学生劳动教育实践在新时代的科学内涵，定位于高校在学生劳动教育实践中的主导地位，建立当代高校学生劳动教育实践的制度机制，深入推进当代高校学生劳动教育实践的课程建设，扩展充实师资队伍力量，完善人才培育体系，发挥实践活动和校园文化的重大作用和现实功能，力求建设可借鉴、可推广、可复制、可持续的当代高校学生劳动教育实践体系。

一、打造劳动教育实践融合课程

课程是高校教育的主要途径，是人才培养的核心要素，是高校学生接受教育最直接、最重要、最明显的方式。当代高校学生劳动教育实践不仅需要开设劳动教育课程，而且应该将劳动教育实践与专业相结合，劳动教育实践与思想政治课相结合。

劳动教育实践与专业课程相结合，一方面，要规划好高等人才培养顶层规划；另一方面，要科学制定劳动教育实践与专业课程相结合的实践路径。首先，坚持中国共产党的领导，围绕党的育人方针和政策，制订高等人才培养计划。在劳动教学中，引导学生热爱劳动、尊重劳动，理解个人理想信念和国家发展密切相关的观念，能够主动地承担社会责任，诚实劳动、创造性劳动，为国家的发展贡献力量。其次，在劳动教育课程设计上，围绕中国特色社会主义市场经济的发展需要，以服务需求为导向，将与劳动相关的学科进整合，打破学科和专业的界限，培养精通专

业知识、掌握劳动技能的综合性人才。最后，劳动教育应该遵循当代高校学生的身心发展规律，结合高校学生爱自由、爱创新的特点，优化教育资源分配，创新教育实践形式，用学生喜欢的方式开展劳动教育，激发他们的劳动兴趣和劳动潜能，引导他们热爱劳动。

1. 将科学制定劳动教育与专业教育相结合

首先，丰富劳动教育实践的专业视角，推进劳动教育实践与不同专业相融合。劳动教育实践与专业学习不是针锋相对的，而是具有内在统一性。专业学习在本质上也是一种劳动教育实践，终极目标也是培养社会需要的专业劳动人才。在高校有很多和劳动相关的专业，例如物理实验、电气工程与自动化、农业种植、历史考古、地质勘探等，这些专业都具有明显的劳动特质。其次，注重课上和课下教学双向结合，传授劳动知识。在课上，将劳动基础知识，例如劳动价值观、劳动习惯、劳动知识与技能，融入专业教学中，更好地实现劳动专业人才的培养目标。在课下，充分利用双休日、寒暑假等假期时间，呼吁大学生主动参与劳动实践活动，将专业知识和劳动知识更好地运用到社会实践中，达到两者结合的目的。最后，以专业特色为中心，融入劳动教育实践。将劳动教育实践的基础知识融入专业课考试、见习、实习、科学研究当中，因为专业课学习不仅是劳动的一种表现形式，也是劳动价值的一种体现过程。刻苦努力将专业知识转化为劳动技能，不仅能满足社会生产力发展的需求，也能使学生在步入社会后成为一名合格的劳动者。

2. 将劳动教育实践与思想政治课相结合

思想政治教育在学生道德品质、行为习惯、人格魅力的培养上具有重要作用。首先，注重思想政治理论课的课堂教学，推进劳动教育与思想政治教育密切结合，利用好思想政治理论课的课堂这个主渠道、主阵地，使德育和劳育形成协同效应。在很多公选课程中都应该加入劳动的因素，系统地讲解劳动带给人们的改变和进步，更好地实现生产劳动与教育相结合。在思想政治教育课堂中强调马克思主义劳动观，围绕有关劳动创造物质与精神财富开展案例教育，使学生树立积极向上的劳动价值。其次，回归经典阅读，尝试追寻劳动在思想政治理论中的理论溯源。阅读马克思主义的经典原著，从中理解和掌握劳动的含义、劳动的价值、劳动的作用。在思想政治课中了解党在不同时期关于劳动的不同方针政策，理清党关于劳动的基本观点。最后，在思想政治课教学中，不仅要回归经典，而且要与时俱进，注重对习近平新时代中国特色社会主义思想的学习，理解新时代劳动观，加强对新时代劳动模范、大国工匠的系统宣传，让学生在进行理论学习的同时，也能够从劳动模范身上领悟劳动的快乐，深化对劳动的理解，实现新时代大学生劳动教育的目的。

3. 将劳动教育实践与职业生涯教育相结合

2008年起，教育部就已经明确将职业发展与就业指导课程设为公共课程，并纳入学生整个学习培养的全过程。高校学生是未来的劳动者，在面对激烈的人才市场竞争环境下，提前教会高校学生了解职场、适应职业角色尤为重要。因此，将劳动教育与职业生涯教育相结合，不仅能够实现功能互补、资源共享，而且能在劳动中促进大学生提高职业素养，在职业教育中增强劳动技能。一方面，高校要组织参与职业性劳动实践活动，为高校学生适应职场做好准备。职业性劳动以大学生专业为基础，根据掌握的专业知识和能力在职场相关工作岗位上进行的劳动实践活动。例如以支教和实习为依托，统一安排不同专业的高校学生到中小学校、公司、企业单位等地进行实践锻炼，不仅增加了工作经验，提前适应未来岗位，而且强化了高校学生岗位意识，增强职业技能和职业素养；可以邀请一些专业人员进校宣传或讲座，通过对具体案例的分析让学生了解当前和未来一段时间的就业状况，帮助学生实事求是地制定职业生涯规划。另一方面，抓好劳动法律法规教育与职业安全相融合。高校职业生涯教育除了帮助大学生树立正确的就业观和择业观之外，还离不开对劳动相关法律法规的教育。高校在职业生涯教育中，要结合劳动法律进行教育，帮助学生积累劳动法律基本知识，如引导学习劳动法、就业促进法、劳动合同法、女职工劳动保护特别规定、社会保险法等法律，确保其在劳动中的合法权益不受到伤害。此外，高校可以通过网络媒体、普法节目等途径在校宣传，营造浓厚的法律氛围，帮助高校学生认识到加强劳动法律教育的重要性。

4. 将劳动教育实践纳入专业人才培养方案中

根据不同专业的特点要求，适当增加劳动教育实践的教学内容，在专业人才的培养过程中将劳动意识培养与劳动知识传授、劳动素养形成与劳动技能锻炼等有机融入，加快形成"专业课＋劳动教育"相结合的教学模式，使得劳动教育与专业课程同向同行，提升育人合力的成效。例如，东南大学将劳动教育与学科专业相结合，通过开展一系列与专业密切联系的劳动实践，如"小小工业DIY""医路有你""星火大仓"等专业实践，形成了多学科交叉融合的专业劳动实践课堂。湘潭大学根植红色文化广泛开展劳动教育，依托学院专业特色，大力挖掘红色资源中的劳育元素，推动专业实习与红色旅游、精准扶贫和乡村振兴相结合，有效创新劳动教育形式。

5. 推动劳动教育实践与网络载体相结合

随着现代网络信息技术的迅猛发展，高校学生们越来越青睐于使用线上媒体工具进行学习，因其内容涵盖范围广，且可以及时更新，形式较为新颖，同时操作方便，易于携带，能够满足时时学习、处处学习的现实需求。这就需要高校主动拓宽劳动教育实践的实现渠道，灵活运用线上网络载体进行教学，促进劳动教育实践与网络载体相结合，创新劳动教育实践教学模式。

6. 打造劳动教育微课堂

教师可以通过视频录制的方式，深入浅出地对劳动的某个重要内容进行讲解，加深学生对该知识的理解与把握。同时附带一些拓展素材，启发学生思考，适当加入一些测试题目，检验学生学习成果，并对其学习情况及时进行反馈与评价，提高学生的课堂参与性和积极性。搭建劳动教育实践直播课堂。教师可以通过微信、QQ、钉钉、学习通等网络平台开展线上教学，采取在线提问、时时点名的方式，随时关注学生的课堂学习情况，充分利用直播间留言、点赞、连麦等功能，有意识地增强直播课载体的互动性与灵活性，使每个学生都能参与到课堂问题的讨论中，都有机会发表自己的意见和看法，引导学生从被动接受转向主动探索学习。

7. 开发劳动教育虚拟课堂

高校要加大对劳动教育的专项投入，利用VR、大数据、人工技能等先进技术，建造可视化、可沉浸、可体验的虚拟仿真实践中心，不断推进虚拟情境下劳动教育实践教学课程化建设。通过情景模拟、历史再现、角色扮演等方式，让学生隔空体验不同的劳动场景和过程，切实提升劳动育人的吸引力和感染力。

二、深化劳动教育实践日常管理考核体系

目前，在高校学生综合素质的考核评价体系中，劳动教育实践评价占比并不大，甚至有些时候出现了缺失的情况，这种现象急需得到改变。因此，高校应及时采取相应措施，根据劳动教育的目标、内容及任务要求，通过明确劳动教育评价标准，改进劳动教育评价方法，完善劳动教育评价主体等方式，进一步优化劳动教育评价机制，巩固其教学成果。

首先，明确劳动教育实践的评价标准。高校不仅要引导学生树立正确的劳动观念，而且应要求他们在学好理论知识的同时具备必要的劳动能力，并培育其积极的劳动态度、精神和品质。这说明高校在制定劳动教育的评价标准时，要把学生对劳动的认知、掌握哪些劳动技能以及具备何种劳动品质等方面的内容作为重要的参考因素，然后以这些参考因素为基本遵循，来确定劳动教育的评价标准。

其次，改进劳动教育实践评价方法。对劳动教育实践的效果进行结果性评价是当前高校普遍采用的评价方法。这种评价方法侧重于对学生的课业成绩、取得的分数及劳动成果进行评价，而对学生在劳动过程中的思想状况、态度变化及行为转变等方面的评价相对比较少，导致难以对学生进行全面客观的评价。为解决这一问题，高校要及时改进劳动教育实践评价方法，坚持结果性评价与过程性评价并重。对于劳动理论知识的学习情况，既要对学生劳动知识与技能的掌握程度进行结果性评价，也要对学生的课堂表现进行全面评价，可以参照学生是否认真听讲，是否积

极回答问题，是否主动参与课堂讨论等。对于劳动实践课程的完成情况，既要对学生的劳动实践成果进行结果性评价，也要对学生在劳动过程中的具体表现进行综合评价，可以参照学生是否按时按质按量完成劳动任务，是否遵守劳动纪律，是否保持劳动的持续性等。

学校是劳动教育实践的实施主体，教育者是学校的主体，处于主导地位，要想构建当代高校学生劳动教育的长效机制，必须要抓紧抓实劳动教育实践主体，调动劳动者积极性，增强劳动教育实效性，深化劳动教育实践日常管理考核制度体系建设。一是明确管理职责，抓住高校劳动教育实践的主要承担者。要落实好校长、党委书记负责制，开好主题会议、选好人员配置、用好负责人员，成立高校学生劳动教育实践领导小组，建立党委统一领导和负责领导主抓、各部门协调配合、各教育者发挥作用的管理模式，同时要把学生劳动教育实践的管理模式融入日常工作和教学治学的各个环节。二是确保经费支持，抓住高校劳动教育实践的经费投入机制。一方面要严格使用、合理分配中央补助资金和各级地方政府所支持的各项资金经费，加快劳动教育实践标准化设施建设，做到资金使用公开公正、恰到好处。另一方面，合理统筹学校自身经费支出，确保劳动教育实践得以有效开展，避免形式化、虚假化现象发生。三是强化安全保障，抓住高校劳动教育的安全管控机制。既要强化师生的劳动安全教育实践，增强学生风险意识、安全意识，注重劳动安全习惯养成，又要加强对劳动场所和实践场地的安全检查、隐患排查，制定科学严谨、规范细致的劳动教育实践安全预案和应急事故与处理机制，明确管理责任分工，确保每个安全要点都有人负责，未雨绸缪，防患于未然。

针对劳动教育实践部分的考核，主要由平时表现和劳动成果展示组成。对于平时表现，教师可以采用百分制的计分方式，合理设置评分区间，通过考核评分表记录他们在劳动过程中的劳动纪律、劳动出勤率、劳动的持续性和劳动效果，对劳动情况进行全面、客观的考察。劳动成果展示可以通过项目汇报、技能展示、技能竞赛等方式呈现，并对其劳动成果进行相应的打分。把握劳动教育实践的四要素，在定量考察的基础上，对劳动能力、劳动结果等客观维度的劳动要素进行合理赋值，并以此为依据制定劳动教育考核细则。同时，在定性考察的基础上，对劳动意识、劳动观念等非客观维度的劳动要素进行科学认定，并探索劳动教育实践考核方案，进而对大学生的劳动技能和价值体认情况进行更为全面细致的考核，达到充分肯定其成长与进步的教育目的。

最后，建立考核激励机制。高校可以根据学生综合测评的结果，直接将劳动教育实践与学生追求的评优、评先和评奖挂钩，对于表现优秀的学生给予一定的物质和精神奖励，对于表现相对落后的学生及时进行相应的鼓励和引导，采取正面表彰与反面引导的教育方式，调动学生劳动的积极性，增强他们的劳动意识，促使其更加注重自身劳动素质的培养。

三、以校园文化建设引导劳动教育实践

高校校园文化是指以高校学生特有的思想观念、心理素质、价值取向、思维方式等为核心的,以具校园特色的人际关系、生活方式、行为方式,以及由大学生参与创办的报刊、讲座、社团、沙龙及其他文化活动和各类文化设施为表征的精神环境、文化氛围。高校学生劳动教育实践的校园文化建设需要多角度、多层次渗透劳动光荣、劳动伟大的精神,增强学生的劳动认同,不仅可以让劳动观教育贴近学生实际,寓学习、教育、生活于一体,一定程度上还可以让学生在校园活动中受到潜移默化的教育。

以节假日、纪念日为着力点来进行劳动教育实践。对于社会上的一些重大节日,通常以放假的形式来纪念,扪心自问,有没有在这种纪念方式中体会到节日的意义呢?不要说心智尚未成熟、成长于高速信息化时代的"00后"高校学生,就连一些教育工作者恐怕也没有认真思考过这些问题。因此,当前高校学生劳动教育实践应以植树节、"五一"劳动节、国庆节等重大节日为着力点。比如,"五一"劳动节之时,可以宣传劳动模范的先进事迹、邀请劳动模范到学校作报告、特别表彰学生中的劳动积极分子。同时,也可以开展宿舍文化、寝室卫生评比,在教室和校园张贴"以辛勤劳动为荣、以好逸恶劳为耻"等宣传标语活动;在国庆节之时,可以大力宣传新中国成立的曲折坎坷,向学生强调新中国的诞生,是在中国共产党英明领导之下,无数英雄前辈抛头颅、洒热血,艰苦奋斗换来的;而新中国成立以来所取得的辉煌成绩,更是离不开广大人民群众的辛勤劳动。这种在重大的节假日、纪念日之际所组织的重要活动往往能够让学生回归真实的生活情景,而开展宿舍文化、寝室卫生评比等活动可以达到在生活中学,在生活中做,在生活中进行劳动实践体验的目的,这对于高校学生劳动观的正确形成,一定程度上也有着积极的促进作用。

以社团活动、班级活动、学习日常管理活动进行高校学生劳动教育实践。诚然,以节假日、纪念日为契机进行高校学生劳动教育实践一定程度上能够促进学生劳动教育实践工作的顺利开展,但节假日、纪念日毕竟是少数的几天或者几十天,因此,要使当代高校学生劳动教育实践向"常态化"方向发展。社团活动、班级活动、学习日常管理活动在一定程度上可以弥补这一不足。这是因为,从参与范围来讲,社团活动的参与范围相对较窄,只限于社团内部或者一些对社团活动感兴趣的学生;班级活动的参与范围比较广,涉及几乎所有学生,而学生日常管理活动涉及的范围可大可小,因此,如果这几种活动交互进行,相互统一,不仅可以提高劳动观教育的参与范围,一定程度上也可以使劳动观教育向着常态化趋势发展。

以校园媒体为载体进行劳动观教育宣传。一般而言，高校都会利用校园广播、海报、校报、校园网等校园载体进行思想政治教育。作为高校学生思想政治教育重要组成部分的劳动教育实践也应利用好这一载体进行劳动教育宣传，特别对善于运用网络、易于接受新鲜事物的当代高校学生而言，校园网络应该是一条便利、高效的宣传教育途径。需要注意的是，校园网络的虚拟环境为高校学生的实践活动提供了一个全新的空间，丰富了高校学生的生活，然而，网络上纷繁复杂的信息也冲击着高校学生的世界观、人生观和价值观，当然也包括高校学生的劳动观，因此，高校只有正确分析和对待网络文化对大学生劳动观的冲击与影响，并加以引导利用，才能发挥网络文化对当代高校学生劳动教育实践的积极促进作用。

高校劳动教育实践要培养和塑造高校学生积极的劳动心理、行为和习惯，学校主题网站建设必须主题鲜明、目的明确，坚持全面性、广泛性、针对性相结合，把科学的劳动理念、正确的劳动行为等通过理论探索、问题讨论、动画漫画等形式融入主题网站，让学生在上网休闲的同时，也能够学习到劳动教育实践的相关知识。与此同时，要建设好融思想性、知识性、趣味性、服务性于一体的主题教育网站或网页，积极开展生动活泼的网络思想政治教育活动，形成网上网下思想政治教育的合力。校园网还要着力解决学生最关心的热点问题、难点问题以及学生在劳动方面的困惑，努力增强网络劳动教育实践的吸引力和感染力。

目前，许多高校都建立了BBS、贴吧、公众号等交流平台，一些高校学生偶尔也会在上面发表一些在现实中不愿说、不敢说的意见，譬如对学校的"劳动周"课程表示不满、对学生组织的公益活动有意见等，其中不乏偏激和极端的观点，当代高校学生劳动教育实践要想取得成效，必须做好舆论引导，密切关注和正确引导高校学生在这些网站发表的一些与劳动相关的观点，始终把"以辛勤劳动为荣"作为高校学生劳动教育实践的主旋律，努力营造劳动光荣、劳动伟大的校园氛围。

四、加强高校学生劳动教育实践的师资力量建设

百年大计，教育为本；教育大计，教师为本。劳动教育实践师资队伍是贯彻落实高校劳动教育实践的有力支撑和重要保障，劳动教育实践师资队伍建设的质量决定着劳动教育的实施效果。全面加强高校学生劳动教育实践则为高校育人师资队伍建设提出了更全面、更严格的要求，其根本就是要建设一支与新时代劳动教育实践相匹配、相适应的高素质专业化创新型劳动教育实践师资队伍。随着劳动教育实践在课程方面有了明确部署，相应地对开设劳动专业课程教师的要求就更加明确。一

方面，对劳动教育实践教师的需求数量更大，要求高校规范建立劳动教师标准，加强与行业企业合作，共建双师型教师培养培训机制，包括引进行业企业劳动精英、社会劳动模范等，不断丰富和扩大高校劳动育人队伍。另一方面，对劳动教育实践教师的素质要求更高，这就要求高校完善构建劳动教师评价，通过开展教学研究与指导，为教师研修发展搭建平台，引导高校教师充分意识到劳动教育实践的重要意义，并主动承担起高校学生劳动精神培育的职责和使命，进而推进劳动教育实践教学改革与创新。

习近平指出，教师重要，就在于教师的工作是塑造灵魂、塑造生命、塑造人的工作。一个人遇到好老师是人生的幸运，一个学校拥有好老师是学校的光荣，一个民族源源不断涌现出一批又一批好老师则是民族的希望。国家繁荣、民族振兴、教育发展，需要大力培养造就一支师德高尚、业务精湛、结构合理、充满活力的高素质专业化教师队伍，需要涌现一大批好老师。

作为思想政治教育的重要组成部分的劳动教育实践也一样，劳动教育实践师资队伍在整个劳动教育实践内容的具体构建、组织和实施过程中，总是居于主导地位，起着主导作用，因此，劳动教育实践师资队伍的自身水平和修养对于高校学生劳动教育实践的组织实施具有十分重要的意义，甚至在一定程度上决定着劳动教育实践的实效性。加之当代高校学生所处的时代是一个社会环境纷繁复杂，各种社会思潮蜂拥而全的时代，马克思主义劳动教育实践在这一特定的社会背景下，面临着很多前所未有的问题，而对这些问题的分析和理解是当前高校学生劳动教育实践的重要组成部分。因此，只有培养和造就一支"让党放心，让学生满意"的高素质的高校学生劳动教育实践教师队伍，才能切实保证学校劳动教育实践的全面落实和有效开展。

要打造更为专业化的劳动教育实践师资队伍。高校将劳动教育实践这门课设立为面向全体学生的必修课程，需要聘请专门从事劳动教育实践教学工作的教师来授课，要有针对性地加强与劳动教育专业高度关联的其他学科建设，如劳动哲学、劳动伦理学、劳动经济学等，优先从开设劳动教育专业的师范类院校中选拔人才，为各大高校输送更为专业化的劳动教育教师。同时，高校要加大对劳动教育实践师资的引进力度，敢于打破陈规，多渠道、多途径、不拘一格地招揽各行各业的劳动教育人才，可以聘请能工巧匠、劳动模范、大国工匠以及知名企业家和社会人士，让他们成为劳动教育的传道者，走进课堂，传授学生知识。

要建设双师型劳动教育师资队伍。双师型教师与其他专业课教师有着明显的区别，既要将传道、受业、解惑的本质教育工作做好，也要不断提升自身专业素养，使其具备能够科学指导学生劳动实践的能力。同时该类型的教师不仅要在课堂上向学生传授知识，而且要在实践中强化学生对所掌握劳动技能的具体应用，引导他们树立正确的劳动价值观。

为此，高校应统筹推进劳动教育实践师资队伍建设，对师资队伍人员进行合理配置，科学规划，实现人才调配跨学院、跨学科。例如，可以安排有着丰富教学经验的专业课、思政课或者其他学科教师进行劳动课程实践教学，通过把握劳动育人规律，致力于塑造出结构合理、管理规范、优质高效的劳动教育实践师资队伍。此外，要加强对劳动教育实践教师的培训与考核，开展全员培训，尽量使每位劳动教育实践教师都能够得到培训和进修的机会，有效提高教师的劳动技能与劳动素养，从而在整体上全面提升高校劳动教育实践师资队伍的专业水平。

第五章

高校劳动教育实践的发展创新

随着时代的发展,社会大背景发生了显著的变化,科技的发展使地球变成了"地球村",人们的交流日益广泛且多元,高校学生的价值观也呈现多元化的特点。劳动的形态也在发生着变化,新的产业和新的劳动形态不断涌现。高校学生劳动教育的培养无论从研究的背景、对象和劳动本身都发生了新的变化。因此,当代高校学生劳动教育培养必须紧扣时代发展的主题,深刻理解当代劳动教育的深刻内涵和主要特征,劳动教育培养既要继承优良的传统,也要顺应时代发展的要求,坚持在传承中创新,在创新中传承,不断创新培养的内容和方法。

第一节 高校学生劳动教育实践的目标

"培养什么人"仍然是教育要解决的重大问题之一。新时代要求培养德、智、体、美、劳全面发展的高素质人才。高校学生学习本身也是一种劳动,学习是认识性脑力劳动,是发展智育的关键因素,但是,要培养综合性人才仅仅靠智力提高是远远不够的。因此,高校学生除了掌握最基本的学习劳动之外,还需要不断扩展其他劳动能力,要进一步升华劳动教育认知,内化为自觉行动,以更好地服务他人和社会。为此,在新要求下,以观念、心理、行为、能力等方面为切入点开展劳动教育,有利于高校学生精神高度的提高和自我修养的养成。

一、树立科学劳动观念

劳动观念是人们对劳动的思想认识和根本看法。面对当前部分学生依然存在轻视体力劳动和劳动者的现象，培养其树立劳动最崇高的价值观念尤为重要。首先要引导树立崇尚劳动、热爱劳动、辛勤劳动、诚实劳动的观念，让高校学生懂得劳动是推动人类社会进步的根本力量，在实践中体验"劳动创造美好生活"的幸福感，鄙视"一劳永逸、好逸恶劳"的思想。从手工劳动、机器劳动，再到智能劳动，劳动形态的不断变化使得对脑力劳动的要求越来越高，但这并不意味体力劳动的消失。要始终引导高校学生在进行脑力劳动的同时发展其他形态的劳动，它们之间是紧密联系、相互成就的关系。要学会利用科学技术提高劳动效率，在体力劳动中实现智力发展，增强劳动能力。此外，要懂得无论是什么样的职业都值得尊重和鼓励的道理。任何一份职业都能实现自身价值，小人物也能成就大梦想。最后，端正劳动态度，培养高校学生珍惜劳动成果与资源的意识。态度决定高度，细节决定成败。"一粥一饭，当思来处不易"，更多是体现了劳动和劳动者的不易。高校要落实好劳动教育与学生生活相贯通，引导其养成节约粮食、爱护环境、尊重成果的良好意识。

二、培育浓厚劳动情感

劳动情感是劳动教育思想的深层次基调，是在劳动价值观指引下，在长期劳动情感体验基础上表现出来的一种心理倾向。培养高校学生劳动情感，要在热爱劳动、乐于劳动上下功夫，使其自觉自愿参加劳动。首先，在学生劳动过程中教师要自然地向其流露劳动情感，通过自身的丰富情感来感染学生，并在劳动交流中学会有效沟通，从中了解学生，挖掘他们的劳动潜质，激发满腔热情，提高劳动兴趣。其次，在创造性劳动中唤醒大学生的劳动情感。在劳动教育过程中，要精心组织社会实践活动，优化专业技能训练，引导学生手脑并用，让其感受劳动带来的神奇、巨大力量，唤醒心中热爱劳动、崇尚劳动的情感。再次，要培养高校学生勤奋学习、刻苦钻研的精神，使其认识到劳动过程不仅仅是知识学习的过程，也是锤炼品质、磨炼意志的过程，让辛勤劳动成为学生追逐青春梦想的动力。

三、养成良好劳动习惯

劳动习惯是指主体在劳动锻炼中长期养成的稳定生活方式。养成良好的劳动习惯是劳动教育重要目标之一。劳动习惯的养成是一个长期过程，需要经常性组织学生参加劳动实践活动，体验劳动，在过程中获得满足感，自觉将劳动内化为自身需要。从当前来看，更多的"00后"大学生群体将会成为全面接受劳动教育的主体，作为互联网时代的"原住民"，正值价值观形成的关键时期，部分大学生在长期网络文化输出的影响下，价值观难免会受到影响，再加上在成长过程中接触劳动的机会较少，身边都是各式各样的辅导班、兴趣班，导致意识上劳动认知模糊，行为上更偏向脑力或智能劳动。由此不断萌生出不劳而获、一夜暴富的错误思想，如在学习和生活上偷闲躲静、盲目攀比、奢侈浪费；工作上好高骛远、缺乏团结协作意识。要改变当前现状，首先就要加强大学生的劳动习惯教育，利用习近平关于"实干兴邦"的劳动实践观，引导高校学生积极参与劳动，树立实干精神，在亲身经历中养成劳动习惯，以此来形成良好的学习、生活、工作习惯。

四、夯实劳动技能教育

素质是立身之基，技能是立业之本。作为一名合格的青年高校学生，素质与技能都决定着未来发展的好坏。因此，高校学生必须具备一定的，且能被综合性运用的劳动知识与技能，这也是劳动观念、劳动情感、劳动习惯培养的前提基础。应用型、技能型人才是我国长期以来人才培养的主题，劳动技能教育是实现其目标的关键。广大学生作为未来社会的劳动者，不仅要勤于学习文化，更应具备必要的技能，练就过硬本领。劳动技能的培养要遵循学生自身发展、专业发展，要求既不能太高，但也不能太低。高校学生在日常生活中要掌握基本的生存技能，如洗衣、做饭等；在生产性劳动能力上，强调合格社会主义劳动者的培养；在服务性劳动技能上，鼓励学生走进公益，奉献自我，提高精神境界。高校教育是一个综合性全面教育，一方面是理论知识学习，另一方面是实践训练教育，是一个将理论运用于实践的过程。要结合高校学生未来工作和劳动发展需要，完善职业生涯和规划教育，加强劳动法律、社会保障等理论和技能学习，进而成为适应未来岗位需求的人才。

第二节 高校学生劳动教育实践的传承与创新

高校学生劳动教育实践应当明确坚持以学生为主体、坚持理论与实践相结合、坚持传承与创新相结合、坚持普遍性与针对性相结合的基本原则。同时，劳动教育是一个具体的历史范畴，随着时代的发展，人们对劳动的认识逐渐加深，高校学生劳动教育的内容必须扎根中国、立足时代、面向未来，准确而完整地把握当代高校学生劳动教育的内容。

一、劳动教育实践内容的传承与创新

劳动教育实践内容的传承有两层含义。一是传承中华民族的优良劳动教育。在五千年的文明史中，中华民族形成了勤劳、节俭、艰苦奋斗等优良劳动传统，是民族精神的体现，正是这些优良的劳动传统使中华民族生生不息。我们必须继承优良的文化传统，将其纳入劳动教育的内容体系之中。二是传承马克思主义劳动教育。

由于马克思主义劳动教育是科学的劳动思想，是指导高校学生劳动教育的基础理论，因此，高校学生劳动教育必须传承这一优良的劳动教育内容。马克思唯物史观认为，劳动创造了人和人类社会，劳动是人类的本质属性，劳动创造了财富，在社会主义和共产主义社会条件下，劳动是实现人的自由全面发展的必然途径。劳动的本质属性决定了即使在知识经济和人工智能时代的今天，人们的闲暇时间增加了，部分人工智能代替了人的体力和脑力劳动，但劳动仍然是推动人类社会发展的根本动力，美好生活仍需要劳动来创造。高校学生劳动教育应当以更加生动、更加深刻的方式把马克思主义关于劳动的科学理论讲好、讲透，继承中华民族的优良劳动传统，为劳动观培养奠定良好基础。劳动教育内容的创新主要指以下内容。一是培养高校学生理解劳动的新内涵。随着时代的发展，新兴产业的出现，劳动出现了许多新的形态。劳动形态的新变化要求劳动教育也做出相应的改变。当代高校学生劳动教育不能仅仅把劳动理解为体力劳动、简单劳动、产业劳动，而要充分认识劳动的时代发展性，使学生充分认识服务型和创新型等劳动形式的重要性，引导大学生充分理解劳动的丰富性和发展性，既不把某一种形式的劳动理解为劳动的全部，也不简单地用一种劳动形式否定另一种劳动形式，真正做到尊重一切有益于人民和社会的劳动，平等看待不同职业。高校学生劳动教育既要重视引导高校学生认识劳动的本质和基本规律，也要针对劳动的新形态，注重深入推进产教融合，培养学生尊重普通劳动者，形成创新性劳动思维，不断提高科学劳动、创造性劳动的能力。二是培养学生具有生态劳动的意识。随着人类对自然界开发能力的增强，环境污染、资源枯竭逐渐成为阻碍人类生存和发展的挑战，教育学生具备环保意识，无论在生产领域还是消费领域，都应当时刻谨记生态劳动的重要性，做到珍惜劳动人民的劳动成果、坚持垃圾分类、坚持节约的美德。

二、劳动教育实践方法的传承与创新

事实证明，传统的劳动教育实践方法是被证明了的行之有效的方法，应当继续坚持劳动思想理论灌输、劳动实践锻炼、劳动榜样示范等办法巩固劳动教育的成果。当代高校学生劳动教育的对象是伴随着网络成长起来的一代人。针对这种情况，在强调传统劳动教育方法的基础上，也要开创劳动教育的新方式、新方法。伴随着信息技术在教育领域的广泛使用，网络教育的方式方法也不断创新。要利用现代化的网络技术，如利用慕课、在线课堂、微课等高校学生喜闻乐见的形式讲好劳动教育课程，增强劳动教育的互动性和即时性，选用具有时代感的劳模精神和工匠精神等内容教育学生。通过人工智能推动个性化的教学，利用人工智能的大数据处理功能对学生的学习进行个性化的记录和诊断，发现并跟踪学生的学习情况，做到个性化的教学。要利用网络覆盖面广和学生易于接受的特点，通过QQ、微信、微博等载体潜移默化地打造劳动教育的校园和社会环境。在推动网络教育新方法的同时，要采用平等互动的方式进行劳动教育，当代高校学生思维独立，个性鲜明，劳动教育要采取平等视角、平和态度、平等互动的方法，增强劳动教育的吸引力和实效性。

三、高校劳动教育实践发展创新应与创新创业教育相结合

李克强在2015年三次提到创新创业教育的重要性，指出促进和巩固经济稳定向好，必须着力以推进结构性改革促结构调整，坚持把简政放权、放管结合、优化服务推向纵深，实施创新驱动，加快打造大众创业、万众创新新引擎。要大力推动大众创业、万众创新，支持创新型企业特别是创新型小微企业发展，让各种创新资源向企业集聚，让更多金融产品和服务对接创新需求，用创新的翅膀使中国企业飞向新高度。要不断推进理论创新、制度创新、科技创新、文化创新等各方面创新，让创新在全社会蔚然成风。激发创新创业活力，推动大众创业、万众创新。2016年4月26日，习近平在安徽调研时组织了知识分子、劳动模范、青年代表座谈，座谈会上，习近平再一次重申了创新创业的重要性，他指出，要敢于做先锋，而不做过客、当看客，让创新成为青春远航的动力，让创业成为青春搏击的能量。由此看来，劳动教育，特别是创新创业教育十分重要。我国创新创业教育虽然取得了一定的成绩，但整体还处于起步阶段，高校学生创新创业能力远未达到国家人才战略的要求，其对实现创新型国家目标的作用还非常有限。多数高校创新创业教育仍处于空缺状态或者流于形式，为了完成教学任务而走过场，甚至"名存实亡"。当代高校学生生活的时代决定了这是一个竞争更为激烈、创新劳动更为重要的时代，为此，高校学生劳动教育除了应树立创新劳动理念、坚持创新与传承相统一的原则以外，还应把创新创业教育作为劳动教育的主导性内容。

创业是艰辛的，它离不开吃苦耐劳的拼搏，离不开艰苦卓绝的努力，这在创业初期体现得更为明显。只有具备了正确的劳动观，具有热爱劳动、磨炼劳动意志的精神，才能突破创业之初的困难，从而走向成功。同时，创新是对现实的超越，需要有推陈出新的魄力和勇气，需要面对各种挑战和困难，克服一道道难关，而这些都离不开劳动意志的支撑。因此，创新创业的实现是以劳动为基础的，是以创新劳动教育的确立为前提的。倡导社会进步和文明标志的创新劳动，可以使一个民族更加具有文明的智慧，可以促使人类社会向着美好的明天去奋斗。坚持高校劳动教育发展创新应与创新创业教育相结合，不仅可以弘扬创新劳动光荣的良好风气，而且可以在一定程度上促进创新创业教育的真正实现，推动当代高校学生劳动教育创新的正确形成。

第三节　高校学生个人在劳动教育实践中的发展创新

高校开展劳动教育实践，需以新时代背景为导向，结合党和国家教育部门的政策指导与系统要求，既要培养大学生劳动的主观能动性，又要立足学生主体，提升工匠精神，培养劳动模范，让高校学生在劳模精神的熏陶中感悟劳动教育，在身心合一的劳动实践中实现对劳动本质的新认知。

一、农村特岗教师

1. 特岗教师简介

"特岗计划"是中央实施的一项对西部地区农村义务教育的特殊政策，通过公开招聘高校毕业生到西部地区"两基"攻坚县、县以下农村学校任教，引导和鼓励高校毕业生从事农村义务教育工作，创新农村学校教师的补充机制，逐步解决农村学校师资总量不足和结构不合理等问题，提高农村教师队伍的整体素质，促进城乡教育均衡发展。实施范围为集中连片特殊困难地区和中西部国家扶贫开发工作重点县，省级扶贫开发工作重点县，西部地区原"两基"攻坚县（含新疆生产建设兵团的部分团场），纳入国家西部开发计划的部分中部省份的少数民族自治州以及西部地区一些有特殊困难的边境县，少数民族自治县和少数民族县。主要包括下列地区：河北、山西、内蒙古、吉林、黑龙江、安徽、江西、河南、湖北、湖南、广西、海南、重庆、四川、贵州、云南、陕西、甘肃、宁夏、青海、新疆。

2. 特设岗位教师的招聘对象和条件

（1）招聘对象

① 全日制普通高等学校师范类专业应届本、专科毕业生。

② 全日制普通高等学校具备教师资格条件的非师范类专业应届本科毕业生。

③ 取得教师资格，同时具有一定教育教学实践经验、年龄在30岁以下且与原就业单位解除了劳动（聘用）合同或未就业的全日制普通高等学校往届本科毕业生。

（2）招聘对象具备的条件

① 政治素质好，热爱祖国，拥护党的各项方针、政策，热爱教育事业，有强烈的事业心和责任感，品行端正，遵纪守法，在校或工作（待业）期间表现良好，未受过任何纪律处分，为人师表，志愿服务农村基层教育。

② 符合教师资格条件要求和服务岗位要求（应聘初中教师的学历原则上要求为本科及以上，所学专业与申请服务的岗位学科一致或相近）。

③ 身体条件符合当地要求，并能适应设岗地区工作、生活环境条件。

3. "特岗计划"的相关保障政策

① 为吸引更多优秀高校毕业生到农村学校任教，按照"自愿报名、择优选拔"的原则，对具备以下条件的报名者在面试成绩中给予适当加分。

　　a. 少数民族学生加 2 分。

　　b. 省级优秀毕业生、省级及以上"三好学生"加 4 分，校级"三好学生"加 2 分；同时具备以上几个加分条件的学生，可以累计加分，最高加分不得超过 6 分。

　　c. 参加"大学生志愿服务西部计划""三支一扶"计划支教服务且服务期满的志愿者和参加过半年以上实习支教的师范院校毕业生以及生源地考生在同等条件下优先招聘。

② 特设岗位教师在聘期内，由县级有关部门对其进行跟踪评估。对成绩突出、表现优秀的，给予表彰；对工作不扎实、不按合同要求履行义务的，要及时进行批评教育，督促改正；对不履行合同要求的义务，经教育仍无转变，不适合在教师岗位继续工作的，应解除协议。

③ 各设岗县（市）和学校，要为特设岗位教师提供必要的周转房，方便教师的工作和生活。

④ "特岗计划"的实施可与"农村学校教育硕士师资培养计划"相结合。符合相应条件要求的特设岗位教师，可按规定推荐免试攻读教育硕士。特设岗位教师 3 年聘期视同"农村学校教育硕士师资培养计划"要求的 3 年基层教学实践。

⑤ 特设岗位教师 3 年聘期结束后，对考核合格、自愿留在本地学校的，经县级政府教育行政部门审核，县级政府人事行政部门批准，由县级教育行政部门办理事业单位人员聘用手续，按照有关规定办理上编制、核定工资基金等手续，并分别报省、市（州）人事、教育行政部门备案，同时将其工资发放纳入当地财政负担范围，保证其享受当地教师同等待遇。

各市、县（区）、乡镇学校教师岗位空缺需补充人员时，要优先聘用聘期已满、考核合格的特设岗位教师。

各地区在实施"特岗计划"的同时，要研究制定具体可行的办法，加大创新农村教师补充机制的工作力度，并大力推进城镇教师支援农村教育工作，积极稳妥地处理好代课人员问题。

4. 特设岗位教师的户口和档案管理

特设岗位教师聘用期间，其户口根据本人自愿，可留在原籍，也可迁至工作学校所在地或工作学校所在地的县城；党（团）组织关系转至工作单位，并应积极主动参加工作单位的党（团）组织活动；特设岗位教师人事档案原则上由服务县政府人事行政部门人才服务机构免费管理。服务期满后，被国家机关、企事业单位正式录（聘）用的，在服务期间建立的工作档案和党团关系按规定转到具有人事管理权限的相关单位管理或由政府人事行政部门人才服务机构代理。

5. 特设岗位教师的聘后管理

特设岗位教师聘用后的日常管理与考核主要由设岗学校和设岗县教育行政部门负责。每年度结束，各设岗学校要对本校特设岗位教师的政治思想表现和工作情况进行综合考核，评定考核等次，并报县教育行政部门审核后存入其工作档案。

案例

教育部2019年优秀特岗教师巡回报告走进甘肃

1. 每一位老师都有故事

报告会上，播放了优秀特岗教师宣传片，来自河南省濮阳市范县第三小学的巴世阳、河北省张家口市怀安县太平庄中心学校的杨晓帅、黑龙江省佳木斯市桦川县横头山镇中心学校的袁艳敏、新疆维吾尔自治区阿克苏地区第八小学的克地也木·木合旦、山西省吕梁市临县第三中学的张杰五位特岗教师依次分享了他们在乡村教育一线的从教经历，讲述了他们扎根基层、默默奉献的感人故事。他们中，有的祖孙三代从事教育事业，有的夫妻均是特岗教师，有的放弃了城市优厚的待遇扎根乡村。他们用青春和智慧、用爱和责任默默奉献乡村教育事业。

"孩子们第一次穿上漂亮的演出服，第一次画上了美美的妆，第一次尽情享受作为主角的幸福。"伴随着音乐，巴世阳缓缓地讲述着她在特岗教师岗位上的点滴生活。

"六年来，我一手拿粉笔，一手拿工具给孩子们做字母教具，做动物卡片，做水果模型，做了满满的四大筐。"杨晓帅一个个展示她和孩子们做出的黑板报和手工模型。杨晓帅的脸上洋溢着感动和自豪。在场的师生，看着屏幕上一个个闪烁而过的图片，掌声缓缓响起。

张杰是宣讲团成员中唯一的男同胞。一上场，张杰幽默诙谐的风格就博得会场上师生的掌声和笑声。讲述过程中，张杰时常提起和他一起携手并肩的爱人"秀秀"。"在工作上，我是班主任，我领导她。在生活上，我们是夫妻，她领导我。工作上，她不折不扣地完成我交代的每件事；生活上，她说的话我一声不吭地去落实。"张杰说着，和会场上的师生一起笑了起来。

2. 2014年甘肃省4.1万特岗教师奉献三尺讲台

"通过聆听这些优秀教师的特岗经历，我真正理解了在大山里做一名特岗教师的艰苦。那里没有城市的光鲜繁华，能够在基层踏踏实实地去接触教育最普遍、最真实的模样，这是一生的幸事。我期待将来走出校园，走向讲台，让自己的青春在讲台上闪光。"西北师范大学2017级思想政治教育专业学生廖艳冰说。

"到基层去,基层更需要我们,让梦想扎根在芬芳的田野上。"西北师范大学体育学院师范生陈琦动情地说。

据介绍,国家实施"特岗计划"这些年来,招聘规模逐步扩大,从2006年的1.6万名,逐步扩大到2018年的9万名,至今共有75.4万名特岗教师,分赴我国的中西部地区1000多个县,为3.7万所农村学校注入新鲜的血液和青春的活力。甘肃省自2013年实施乡村教师生活补助工作以来,将特岗教师也纳入发放补助范围。2019年省、市、县三级财政按照人均每月不低于400元的标准发放生活补助,努力解决特岗教师生活困难,确保特岗教师能够安下心来教书育人。通过14期"特岗计划"的实施,甘肃省农村基础教育学校选拔出一大批高素质、高学历的大学毕业生,补充了4.1万名乡村教师,有效缓解了甘肃省农村学校教师紧缺的现状,改善了农村中小学教师队伍结构,进一步增强了教师队伍的整体活力,提升了农村教师队伍整体素质和农村教育整体质量与水平。"特岗计划"实施以来,甘肃省4.1万名特岗教师扎根农村,为甘肃省教育改革发展、脱贫攻坚、乡村振兴做出了巨大贡献。

(资料来源:作者根据网络资料整理)

二、大学生村干部

1. 大学生村干部在农村经济改革中的作用

(1) 大学生村干部是农村社会治理的协调者

大学生村干部能够在农村经济改革中把农村社会治理有效地融入国家治理中来。农村具有鲜明的历史性与不可替代性,从农村经济改革以来村民自治一直都是农村社会治理的主要方式。村民自治的基本内涵就是在村民自治过程中,农民享有表达自身利益的话语权,有权利参与到农村集体事务决策中。但是在此过程中,农民社会群体分化极大会导致农村利益不充分。因此,国家实行大学生村干部计划,让大学生村干部参与村民自治,使得越来越多农民受到大学生村干部公民意识的激励和主动参与行为的鼓舞,能够通过村民自治制度来表达自己的利益诉求,让他们不仅能够关心个人的选举权,更能关注村务公开、代表选举等政治权利,积极参与到集体事务决策中来。由此可见大学生村干部能够参与农村治理,有效地融入国家治理范畴中来,有效地解决农村社会治理的矛盾,从而推动农村社会经济发展。

(2) 大学生村干部是农村社会变型的改革者

在农村经济改革中,大学生村干部将基于血缘关系的传统农村社会改造成基于法律关系契约性的现代社会。在农村经济改革中,最重要的问题就是农民问题。传统的农村社会是基于血缘关系之上的,以姓氏等形成一个家族制的集体,这就使农村社会管理体制上存在着分散性。而大学生村干部的作用就是要建设一个具有法律关系的现代农村社会。在农村社会变型改革中，法律性社会是否能有效地建造取决于农民的话语权能否得到充分保障，这时大学生村干部在公民教育这一块就起到了关键作用。只有充分尊重、保护公民的话语权和受教育权，才能在实行科学民主决策的过程中真正地了解到农民的需要，更好地发挥农民在农村经济社会变革中的主体作用。

在社会主义新农村建设中，不仅要使大学生村干部的话语权得到充分的保障，还要鼓励大学生积极参加农村基层自治组织领导职务的选举，同时又要尊重农民集体话语权，处理并确保满足他们的合法愿望。大学生村干部是公民教育的设计者，是自身与村民双方话语权的维护者。大学生村干部作为一群接受过民主训练和公民文化熏陶的社会主体，既有维护自身话语权的能力，又能有效地维护村民的话语权。在村民自治制度的发展、演变、完善过程中，大学生村干部通过设计与话语权等相关的合理治理或民主政治生活使得村民积极参与到集体事务中来，逐渐改变公民的情感、态度、气质、性格、行为习惯，让农民真正成为一个具有真正公民意识和公民观念的新型农民，进而培育出适合农村的真正的公民文化。

（3）大学生村干部是农村经济发展的领头羊

大学生村干部作为新一代青年，有着许多优质的特质，如思想观念较新，年龄、教育背景、政治面貌、知识结构、专业技能等比传统村干部更具备优势；同时，高校村干部工作不仅是党和国家培养可靠人才的战略工程，也是青年学生实现人生理想的一项充满希望的工程。这就为农村经济发展注入新鲜的血液。

首先，大学生村干部可以通过宣传科学新观念来驱赶农民潜意识中的小农意识，以市场经济为导向转变农民的生产观念以改变农民生产方式，培育新型职业农民，激发农民生产主动性，促进农民收入的增加。其次，扶贫先扶智。城乡之间的教育发展有着很大的差距。大学生村干部要推进农村基础教育，要提高农民的文化素质和职业技能来为社会主义新农村建设提供人才支持，提高农村劳动力的就业竞争力。更重要的是，通过实践来引导农民培养协商合作的意识，使他们从小农意识中脱离出来，积极参与市场竞争，在积极向上的观念指导下实现科学繁荣的目标。最后，大学生村干部应该发挥自身优势和特征，充分挖掘本村的区位优势，并充当农业科技教育的联络员、组织员、宣讲员和信息员，要依托本村的产业发展对农民开展农业实用技术培训和职业技能培训，使他们掌握能切实提高农民生产技术水平的农业新品种、新技术，丰富农民环保和食品安全意识的农业环境保护、无公害农产品、食品安全、标准化生产等知识，提升农民经营管理水平和适应市场经济能力的经营、管理和市场经济技能。

2. 在实践中不断提升大学生村干部的理论能力

实践是检验真理的唯一标准，大学生村干部应在实践中不断地检验农村经济社会改革相关理论，并做好一系列的知识储备工作。一是规范高校职业指导方面的课程。通过规范高校关于大学生村干部的职业培训课程，对有兴趣成为大学生村干部的学生进行有效的"三农"知识传递，并在学生的日常生活基础之上进行准确的指导和专业的培训，使得高校的资源得到充分利用。二是加强大学生入职前的职业培训。地方政府应对新聘大学生村干部进行一系列严格的入职培训，帮助大学村干部在农村服务工作中找准工作定位，培养大学生村干部的奉献精神。三是要完善大学生村干部的后续教育机制。主要是通过一些"互联网＋"的形式，通过线上与线下的培训课程和交流来对大学生村干部进行乡村振兴、农业供给侧改革、新农村建设、农村社会管理创新、基层工作发展、法律法规等形式的专业培训，继续完善农村社会保障体系。此外，大学生村干部还应加强自身建设，与时俱进，加强与返乡青年的互动和联系，加强群体间的联系。只有加强群体互动，才能发挥最大的作用；要增强对村民的责任感，保护生态环境，在农村经济改革中更好地发挥自身的优势。

3. 营造有助于大学生村干部成长发展的良好环境

一是加大对大学生村干部的扶持力度。可以通过宣传大学生村干部的先进典型，不断增强他们的自我获得感和社会认同感。同时，给予相关的公平公正的政策支持，如一些必要的政策倾斜和创业激励措施等，解决大学生村干部地位尴尬的局面，使其成为企业家，并依照法律法规致力于改革。二是搭建学习平台。将终身学习与大学生村干部个人发展相结合，在大学生村干部的创业、专业技能、信息交换平台建设方面给予培训和指导，并通过线上线下资源的整合，为大学生村干部整体发展营造良好的氛围。这些措施将有利于大学生村干部计划的稳定发展，发挥国家的公益责任作用。

三、积极参加"三支一扶"

"三支一扶"是从 2006 年以来，每年采取公开招募、自愿报名、组织选拔、统一派遣的方式，招募一定数量的高校毕业生，安排到乡镇从事支教、支农、支医和扶贫的工作。出台"三支一扶"计划，主要目的有两个：一是分流逐年增加的毕业生人数，给毕业生创造一个全新的就业窗口，减轻毕业生在大城市就业的竞争压力；二是城市经济水平逐年提高，与农村经济水平的差距逐渐加大，这就让经济发展的重心逐步转移到农村。由于教育、医疗和技术等方面的不足，农村经济发展受到了很大的制约，因此制定"三支一扶"计划，就是要向农村导入具备知识和技能的毕业生，让他们成为带动农村经济发展的新鲜血液。

1. "三支一扶"国家基层人才培养计划出台的意义

2023年应届高校毕业生数量达1100万人，创历史新高，就业的结构性矛盾更加突显。就业形势如此严峻，需要更加积极的就业政策来应对。"三支一扶"就业项目是国家促进大学生就业的一项重要政策。实施的"三支一扶"计划项目的深远意义不仅是解决大学毕业生就业问题，更重要的是实施科教兴国战略和人才强国战略。党的十九大做出了实施乡村振兴的重大决策部署，其中之一就是人才振兴，而大学毕业生正是农村急需的人才，同时让高校毕业生到祖国基层发挥才干，在实践中成长成才。"三支一扶"，能够培养大学生的责任意识和担当意识。

2. 助推"三支一扶"有效实施的建议

(1) 正确认识就业形势，转变就业观念

毕业生数量逐年增加，博士和硕士毕业生成倍增长，替代性就业的局面开始出现，就业压力增大，毕业生应对自身能力和就业取向有合适的评估。尤其是专科院校师范类毕业生，对岗位的选择能力比较弱，须找准定位。到基层就业既能得到锻炼，又能享受政策带来的无形收益。大学生就业价值观的变化能反映其就业取向的变化。"三支一扶"高校学生的就业价值取向整体上呈积极健康的发展趋势，但仍存在个体的主观障碍因素，影响其职业发展。许多大学生期待高薪酬和优越的工作环境，缺乏到基层工作的意识。目前城镇教师资源相对饱和，而基层缺乏专业教育师资。国家鼓励大学生到基层就业，出台了"大学生志愿服务西部计划""三支一扶""农村义务教育阶段学校教师特设岗位计划""一村一名大学生计划"等政策。大学生要拓宽就业思路和职业选择面，走出观念误区，转变观念，积极投身基层工作。

(2) 调整就业心态，提高综合素质

刚到基层服务的大学生要进行心理调适，树立良好乐观心态，做好服务基层的准备。个人享乐思想会使部分"三支一扶"高校学生喜欢选择到条件待遇相对优越的地方工作，而不愿到经济相对落后、条件相对艰苦、急需人才的农村基层服务。"三支一扶"高校学生应该发扬艰苦奋斗的工作作风，怀着一种重任在肩的使命感，为乡镇、农村发展贡献自己的力量。要锤炼扎根基层的作风，对工作充满激情，立足岗位，勇于接受实践的锻炼和考验，展现才华，在平凡岗位上做出不平凡的贡献，实现自我价值。

(3) 适应政策和选拔标准

在精准应对"三支一扶"高校毕业生量化测评标准表的解读中，高校学生为提高选拔成功率，应该做到以下几点：一是选择与自己的专业完全相符的岗位，可以得到"专业相关性"条件满分40分;二是选择生源地岗位,可以得到"生源地为所报岗位所在地"条件满分20分;三是在校期间应全面发展,争取获得校级、市级或省级优秀学生干部、三好学生、优秀毕业生等荣誉称号,仅此三项荣誉就可以获得最高5分;四是争取入党,获得3分;师范生需考取教师资格证,方有支教资格。在校期间,大学生应努力提升自身综合素质,做到全面发展。

案例

参加"三支一扶",谱写绚烂青春

1993年出生的朱心梁,家乡在福建省闽清县。2016年,朱心梁从厦门理工学院毕业,第二年积极响应"三支一扶"的号召,在闽清县白中镇农业服务中心支农。2017~2019年,他在基层党政办和社会事务办工作。据朱心梁介绍,在党政办,他主要从事办公室日常工作事务及突发事件应急处理,如会议安排、收发文件、政府采购、企业项目落地、森林防火、防汛抗旱、重大节日的安全防控等。在社会事务办,他主要从事残疾人生活及护理补贴受理、救灾救济、双拥优抚安置、城市农村居民最低生活保障受理、殡葬管理、孤寡老人及孤儿等特殊困难群体的管理工作和县民政局交办的其他工作。

他的初心是通过两年的基层工作锻炼自己。支农工作实实在在地为他的青春献礼,为其踏入社会上了重要的一课。看似日常琐碎的工作,实际需要的是细心和耐心。朱心梁在两年支农生活中成长了许多,理解了基层工作者的不易与艰辛。"毕业的时候就一直想报名参加,遗憾的是当年并没有招录。第二年通过一个平台得知'三支一扶'正在招募,且工作单位又在家乡,于是我积极报名参加'三支一扶',想锻炼一下自己。在接触行政工作之前,我一直以为政府工作很简单,就是在办公室打打字。可事实并非如此,基层工作任务重,经常下村入户、下企业和工地,有时还不能准时吃饭。两年的工作,改变了我以往对政府工作的刻板印象。"朱心梁回忆起支农期间的工作,对一次受到"唾沫以待"的经历最为难忘。

他服务过一位患有精神病二级的残疾人,对方离婚独自一人带着孩子,生活困难。其间,朱心梁为这位残疾人办理农村低保申请,在等待核查报告期间,对方来到办公室询问何时能批下来。朱心梁和他的同事告知对方已受理并录入福建省民政厅救助家庭经济状况核对平台,正在等待出具核查报告。或是因为觉得等待时间过长,或是因为其他原因而导致精神受到刺激,对方突然向他和同事吐口水,使他们措手不及。

"对方是精神病患者,我们又有什么办法呢?毕竟是做基层工作,而且还是做困难群众的工作,所以我们必须认真负责。"朱心梁怀着复杂的心情说。服务期即将结束，朱心梁有意愿继续在基层为群众服务。"虽然工作艰苦，但是看到自己为群众解决困难，群众竖起大拇指为我点赞称好时，一切都值得了。"

对于想要参加"三支一扶"的学生，朱心梁提出了中肯的建议：要做好心理和思想准备，参加基层工作比想象中辛苦，可能会被安排到偏远的乡镇工作，还可能被抽调到不同的部门工作，如果有满腔的热血可以尝试。少计较个人得失，踏实做事，这其实是对自身的磨炼，增长个人的人生阅历。

（资料来源：厦门理工学院官网，2017年2月23日，有删改）

第四节　家庭在高校劳动教育实践中的发展创新

 案　例

缺乏独立自主生活能力的小汪

吃饭、打水、洗衣服等，一切都得自己独立完成的校园生活，让第一次远离父母、开始住校生活的合肥女孩小汪非常不适应。为此，小汪经常因情绪激动大哭，有时候甚至不敢睡觉。

从幼儿园到高中毕业，小汪都是在"无菌室"里长大的，因家庭条件优越，父母只给小汪定下一个目标——学习，对她一直惯着，很少批评她，所有的衣服从不用小汪洗，小汪也没有做过家务，甚至连扫地都不会。

2022年新学期开始，小汪的父母把小汪送到学校报到后，接连几天频繁接到小汪电话，洗衣服、打饭、打水，这些都不会，还说"想家""想爸爸妈妈""想回家"。因为担心女儿，夫妻俩只得驱车一两个小时来学校看她，每次都带去换洗的衣物，还有小汪喜欢吃的饭菜，临走再把脏衣服带走。

这样持续了一个多月，小汪的不适应渐渐变成了恐惧，她一回到寝室就激动，有时候大哭，甚至不敢睡觉。同宿舍的室友一开始还能关心小汪，后来都被她的举动吓住了，都不敢接近。小汪因没法在寝室住下去，只能住到离学校最近的宾馆。她的父母以为这个"十一"假期过后小汪会有所缓解，但假期里，不管谁来劝，小汪都一直拒绝回到学校。

经全家人商量，小汪这种状况如果持续到这个学期结束，恐怕就只能退学了。

（资料来源：以上信息由作者根据教学实践素材整理而成）

人生活在社会中需要一定的生活自理能力，这些能力的缺失对个人的发展极为不利。因为父母的过度溺爱导致小汪在成长过程中缺乏基础的自我服务劳动能力，对父母依赖性大，无法独立料理自己的生活，无法适应学校的学习和生活，因而面临退学的尴尬局面。

一、自我服务劳动

1. 概念

自我服务劳动是指学生料理个人生活的各种劳动,如为自己整理床铺、打扫房间、洗衣补袜、洗碗筷、擦桌椅等。它是最简单的一种日常劳动,日后不管我们从事何种生产劳动,自我服务劳动都将伴随我们。

中国宋代朱熹就主张蒙学阶段训练儿童洒扫、清洁等生活习惯。现代教育则普遍重视培养个人生活自理能力。

爱劳动首先要从自我服务开始。培养热爱劳动的态度,需要从小做起,从个人做起,从小事做起。

2. 自我服务劳动技能

自我服务劳动技能是人人必须具备的技能。自我服务劳动技能包括洗手、洗脸、刷牙、洗脚、剪指甲、洗头、梳头、洗澡、穿脱衣服、系鞋带、铺床、叠被、洗小件衣物、洗碗筷、洗茶杯、钉纽扣、缝补衣物、晒被褥、洗外衣、叠放衣服、收拾书包、修补图书和整理学习用品等。

这类劳动项目重在养成学生自己动手的良好习惯,从而认识到劳动光荣,为从事其他劳动打下基础。自我服务劳动技能可促进个人充分的自我服务,更加独立、自主地规划自身的生活,解决学习生活中遇到的各种困难。

二、自我服务劳动意识建立的意义

劳动意识是当代中国学生发展核心素养的一个不可或缺的要素,它是学生全面发展、全人成长的必要条件和必然要求。一个人,先要学会料理自己的生活,这是基本的生存技能。自我服务劳动则是培养个人劳动意识和技能的必要手段及基本途径,为未来成长为合格公民而诚实合法劳动、创造成功生活奠基。

1. 重视自我服务劳动有利于劳动意识和能力的培养

劳动意识,即爱劳动,主动参与承担劳动的思想观念。劳动能力,即会劳动,掌握劳动的基本技能技巧。热爱劳动一直是中华民族的传统美德。例如,高职阶段虽然不是义务教育,但是高职阶段对于很多学生来说是全日制在校学习的最后阶段,是一个高职生成长的关键时期,在这一时期高职学生的自我服务劳动意识就是衣食住行等"自理"的思想观念。

积极参与各种自我服务劳动教育,克服自身懒惰毛病。现代戏剧之父易卜生告诉后人:"你的最大责任就是把你这块材料铸造成器。"正如人们经常听到的一句话,一个人会生活才会工作。

现在很多学生是独生子女，从小娇生惯养，所以导致一些学生"四体不勤"，懒惰成性，既没有劳动意识也缺乏劳动的技能，连个人必备的自我服务劳动能力也没有，这些都直接影响了个人的身心发展。

2. 自我服务劳动是提升个人觉悟、发展自身智力的需要

有教育家说过，个人的才能和天赋的起源在自己的指尖上。形象地说，从我们的手指淌出涓涓细流，汇成创造思想的源泉。换句话说，不动手不利于动脑。

3. 自我服务劳动有利于培养珍惜劳动成果的思想感情

一个人只有付出了辛勤劳动，才能懂得珍惜劳动成果。一个人在穿自己洗的衣服时一般会格外小心在意；在用自己修补过的图书时会小心翼翼；在用自己整理过的学习用品时会按顺序使用，以免弄乱。

4. 自我服务劳动有助于促进个人意志品质的形成

劳动习惯的形成过程也是意志形成的过程。例如，每天早晨起来自己叠被并打扫宿舍，没有坚持的意志力是不可能实现的。再如自己洗衣服、洗鞋子、倒垃圾等劳动，没有不怕脏、不怕累的品德是不行的。这些劳动不仅锻炼了我们的动手能力，而且可以帮助我们养成良好的意志品质。

三、自我服务劳动能力提升的途径和方法

提升自我服务劳动能力是提高我们自身生存能力、竞争能力和自我发展能力的基础。虽然随着年龄的增长，人们的生活自理能力会有所提高，但自理能力不是自发产生的，它需要人们有意识地加以培养。

自我服务劳动能力需要循序渐进地形成，而不能一蹴而就。

1. 从情感上真尊重

中华传统美德是劳动最光荣，要从情感上尊重任何职业的劳动者。

2. 从行动上要肯动手

在自我服务劳动中，要多学多做，不能由父母或家人包办，摒弃"学习就已经够累的了，只要学习好就行了"的错误观点。要改变自己对劳动的错误态度，做一些力所能及的事。

3. 从提高上讲渐进

在老师和家长的帮助下制订科学的自我服务劳动培养计划，计划要根据自己年龄提出不同的自我劳动要求，逐渐提高自己能够独立完成的自我服务劳动事项。

4. 勤训练

有意识安排一份劳动任务，如铺床、做饭、洗小件衣物等，让自己反复训练，循序渐进，并多参与社会实践以此锻炼自我劳动服务能力。

5. 巧学习

主动学习正确的生活自理方法。一方面在学校认真学习老师设计好的生活讲座或观看单项劳动视频；另一方面在家里要主动向家长学习一些关于自我服务劳动的方法，要求家长多给予指导。

遇到自我服务劳动方面的问题，要学会"三步走"。第一步，自己想办法解决，锻炼自己处理事务和应对突发情况的能力；第二步，与同学交流，锻炼人际交往能力；第三步，向师长求助。

"断舍离"已经逐渐成为一种新时代的生活标志，很多采用过这种生活方式的人们都说，它会令自己的人生提速30%，内心丰盈，过得更充实。高校学生也可以把这个方法应用到个人的自我服务劳动中，尤其是个人物品和家庭物品的断舍离上，学着按照科学的方法进行筛选，问清楚内心真实的需求，有助于个人生活质量的提升。

案 例

带着父母上大学，边读书边照顾母亲

家境贫寒、身体瘦弱的小潘被徐州工程学院机械设计专业录取后，他就带着不会说话、不能行走、没办法自理、全天24小时需要人照顾，连吃饭都要插胃管进食的母亲和体弱的父亲来到了徐州这座城市。

小潘每天需要喂母亲5顿饭，每隔2小时就要帮她翻身、按摩，因此他每天的时间都要切割成一个个"2小时"。每天的早中晚，他要分3次给母亲买菜做饭，而到了夜里，他要陪母亲到凌晨2点才能睡觉。为避免时间太久把人累垮，父子俩就制定好了时间，轮流照顾小潘的母亲。在小潘的悉心照料下，虽然他的母亲长期卧床，可是身上却没有褥疮，家里也没有异味。

（资料来源：环京津网，2019年10月28日）

为了更好地照顾母亲，小潘的大学生活充满了忙碌，甚至还有一些苦涩，但他硬是用一副瘦弱的身板扛下了这种种苦难和煎熬，在撑起一个家的同时，也没有荒废学业。家人生病或年老体弱，我们作为家庭中的一分子应该尽可能抽出时间参与照顾，这就需要我们掌握一定的知识，懂得如何照顾老人和病人。

四、家庭照护

家庭照护指对患有严重疾病综合征、身体功能失调、慢性精神功能障碍等患者提供的照护。家庭照护是老年人照护的首要形式，它的服务内容包括基本的医疗护理服务、个人照料、情感和社会支持等。

1. 照顾老年人

孝与感恩是中华民族传统美德的基本元素，是中国人传统美德形成的基础，也是政治道德、社会公德、职业道德、家庭美德、个人品德建设的基本元素。我国孝道文化包括敬养父母、生育后代、推恩及人、忠孝两全、缅怀先祖等，是一个由个体到整体，修身、齐家、治国、平天下的延展的多元文化体系。它强调幼敬长、下尊上，要求晚辈尊敬老人，子女孝敬父母，爱护、照顾、赡养老人，使老人们颐养天年，享受天伦之乐。

(1) 老年人的需要

为了更好地照料家中的老年人，我们需要了解老年人的基本需要。

① 食物的需要。注意老年人的膳食营养，为家中不能自理的老年人喂食和喂水。

② 排泄的需要。帮助不能自理的老年人进行排便、排尿，及时清除排泄物。

③ 舒适的需要。营造安静、清洁、温度适宜的休养环境。

④ 活动和休息的需要。帮助老年人适当活动，并尽可能促进老年人的正常睡眠。

⑤ 安全的需要。防止老年人跌倒、噎食、误吸、损伤，保持皮肤的完整性。

⑥ 爱和归属的需要。营造良好的休养环境和人际环境，促进老年人的人际交往，帮助老年人及时与家人联系、沟通，并给予精神上的关心。

⑦ 尊重的需要。运用沟通技巧，维护老年人的自尊，保护老年人的隐私。

⑧ 审美的需要。协助老年人的容貌、衣着修饰，使其保持良好的精神状态。

(2) 老年人照料服务

老年人生活照料服务的内容有：个人清洁卫生服务、衣着服务、修饰服务、饮食服务、如厕服务、口腔清洁服务、皮肤清洁服务、压疮预防服务、便溺护理服务等。

① 个人清洁卫生服务。它包括洗脸、洗手、洗头（包括床上洗头）、洗脚，协助整理个人物品，清洁平整床铺，更换床单等。

② 衣着服务。它包括协助穿脱衣裤、扣扣子、更换衣裤、整理衣物等。

③ 修饰服务。它包括梳头、化妆、剪指甲，及协助理发、修面等。

④ 饮食服务。它包括协助用膳、饮水、管饲等。

⑤ 如厕服务。它包括定时提醒老年人如厕，协助如厕，使用便盆、尿壶等。

⑥ 口腔清洁服务。它包括刷牙、漱口，协助清洁口腔、假牙的清洁保养等。

⑦ 皮肤清洁服务。它包括擦浴、沐浴等。

⑧ 压疮预防服务。它包括保持床单干燥、清洁、平整；定时翻身更换卧位，防局部受压过久，受压部位按摩增进血液循环；保持皮肤干燥、清洁，预防皮肤受损等。

⑨ 便溺护理服务。它包括清洗、更换尿布等。

2. 家人住院陪护

家人生病需要住院，作为学生的我们可以提供一些力所能及的服务为家人分忧解难，如承担部分陪护工作。若想成为一名合格的陪护者，需要了解一些陪护常识和日常起居照料内容。

① 现在医院一般都提供住宿的常用物品，如床单、被褥、热水瓶等，病人和陪伴家属只需准备个人用品即可。建议携带以下用品：衣物、水杯、洗漱用品（肥皂、牙刷、牙膏、脸盆、毛巾）、日常餐具、纸巾、拖鞋。

② 先到门诊或病房开住院证，然后交一定的费用。凭住院证，到所住科室的护理站办理住院病历，测量体温、脉搏、呼吸、血压等，听取护士介绍病区情况及住院注意事项，并领取住院所用物品，交纳物品押金。

③ 了解所住科室和医院的基本情况。要熟悉住院药房、交费处、查账处、洗澡间、消防通道等位置的布局。同时，要知道自己家人的管床医生、护士以及主管教授，并同他们建立联系。

④ 医院属于公共场所，人员很杂，一定要妥善保管好贵重物品和金钱。

⑤ 每家医院都有属于自己的一套"入院须知"，应仔细浏览。

⑥ 住院时的治疗检查内容。住院期间为明确诊断会做一些检查，多在住院当天或第二天完成。大型检查，医生一般会征求病人或陪护者的意见。如不同意，可婉转地表示"考虑考虑"或"同家属商量一下"，给自己留有余地。

⑦ 一般住院3天后，医院会给出一个诊断和治疗的初步意见，并对治疗效果做初步判断。病人或陪护者在此时可明确提出心中疑问：为什么要用这种药？有没有作用类似而价格低廉的？需要住院多长时间？病人伙食如何安排？住院时病情突然变化，该找谁？住院期间每一位病人都有固定的管床医生和责任护士为其提供诊治服务，当病情有变化时，可向他们反映；如果是在夜间，可向值班的医生、护士反映。

⑧ 为保证正常的治疗秩序，医院大都规定上午查房时间谢绝探视，探视时间大多定在下午和夜间。

⑨ 年龄大的病人行走不便、情绪不稳，陪护要注意病人跌倒或出现意外。

⑩ 入院时需交纳预付款，治疗期间可在医院设立的查询柜台查询。如有疑问，可积极向病区护士反映。

⑪ 病人住院的权益包括：管床医生每天查房，做体检，告知病人各项检查结

果,为病人制定治疗方案并解释病情,安排上级医师查房,办理出院,为病人提供卫生宣教等。

⑫ 出现不满意的情况,可向医院医务处、科主任、科护士长投诉。

⑬ 手术后积极的治疗和护理,妥善认真的伤口管理,对治疗效果至关重要。全麻的病人未清醒时,应平卧,不垫枕头,头偏向一侧,以防唾液或呕吐物吸入呼吸道,引起呼吸道感染。硬膜外麻醉或腰麻的病人,术后要平卧6~12小时,以防术后头痛的发生。胸部手术之后,多采取半坐或半卧位。脊柱手术后的病人,要睡硬板床。四肢手术后的患者,须抬高手术的肢体或进行牵引。

⑭ 术后要让病人早点活动。根据手术的大小和术后的病情,在经过医生允许的条件下,让病人早点下床活动。如腹部手术,麻醉清醒后即可下床活动或做床上活动,以防止腹胀和肠粘连。肥胖病人应多活动四肢,防止静脉血栓形成。

⑮ 可协助医护人员观察术后病人的体温、脉搏、面色、呼吸、血压和小便等。如病人感觉不适,发热和心跳快等,应向医生、护士报告。

⑯ 一般的手术,术后6小时才可进食,腹部手术的病人,要腹部通气后方可进流质食物。

⑰ 出院前应做的准备:应请主管医生写好出院小结,小结里一般详细记载了本次住院的重要检查结果和治疗手段,对病人的康复和进一步治疗起到至关重要的作用。需要出院带药,也要向医生交代。

五、家庭护理

1. 生命体征测量

生命体征包括体温、脉搏、呼吸、血压,它是标志生命活动存在与质量的重要征象,是评估身体的重要项目之一。我们可以掌握基础的生命体征测量方法。

(1) 测量体温

协助被测家人解开衣物,若腋下有汗应擦干,将体温计水银端放置于其腋窝深处贴紧皮肤,屈臂过胸夹紧,过15分钟以后取出体温计。

(2) 测量脉搏

协助被测家人手臂放松,要求其手臂向上,然后将自己的食指、中指、无名指的指端放在其桡动脉表面,计数30秒。正常成人脉搏60~100次/分,老年人脉搏可慢至55~75次/分。

(3) 测量呼吸

测量脉搏后仍然把手按在被测家人的手腕上,观察其腹部或胸部的起伏,一呼一吸为一次,计数为30秒。

2. 换药

换药是指对创伤后或手术后的伤口及其他伤口进行敷料更换，促使伤口愈合和、防止并发症的方法，主要目的是清除或引流伤口分泌物，除去坏死组织，促进伤口愈合。换药步骤如下。

① 要进行无菌操作，原则上要戴口罩、帽子，用肥皂及流水洗净双手。
② 区分所需换药伤口的种类，准备所用物品。
③ 采取合适的体位，铺治疗巾。
④ 去除伤口原有的敷料。撕胶布时要由外向内，顺着毛发生长方向，外层敷料用手揭去后，内层用无菌镊除去，顺着伤口的长轴方向。
⑤ 伤口清洁、消毒、处理后根据伤口的种类使用不同的换药方法。
⑥ 敷料覆盖伤口后再视情况进行包扎。

六、家庭清洁

1. 家具清洁

家具上的灰尘，不要用鸡毛掸之类拂扫，因为飞扬的灰尘会重新落到家具上，应该用半干半湿的抹布抹除家具上的灰尘，这样才能抹干净。

对家具进行清洁保养时，一定先要确定所用的抹布是否干净。当清洁或拭去灰尘之后，一定要翻面或者换一块干净的抹布再使用。不要偷懒而一再重复使用已经弄脏的那一面，这样只会使污物反复在家具表面摩擦，反而会损坏家具的光亮表层。此外要选对护理剂。目前，有家具护理喷蜡和清洁保养剂两种家具保养品。前者主要针对各种木质、聚酯、油漆、防火胶板等材质的家具；后者适用于各种木制、玻璃、合成木或美耐板等材质的家具，特别适用混合材质的家具。因此，若能使用兼具清洁、护理效果的保养品，便能节省许多宝贵的时间。护理喷蜡和清洁保养剂使用前，最好先将其摇匀，然后直握喷雾罐，呈 45°角，让罐内的液体成分能在不失压力的状态下被完全释放出来。之后对着干抹布在距离约 15 厘米的地方轻轻喷一下，如此再来擦拭家具，便能起到很好的清洁保养效果。此外，抹布使用完后，切记要洗净晾干。至于带有布料材质的家具，如布艺沙发、休闲靠垫，则可以使用清洁地毯的清洁保养剂。使用时，先用吸尘器将灰尘吸除，再将少量地毯清洁剂喷在湿布上擦拭即可。

2. 家电保洁

（1）电视保洁

液晶屏是液晶电视的核心部分，自然也是清洁的重点。使用柔软的布蘸少许玻璃清洁剂轻轻地擦拭（擦拭时力度要轻，否则屏幕会因此短路而损坏），不要使用酒精类的化学溶液，不要用硬质毛巾擦洗屏幕表面，以免将屏幕表面擦起毛而影响显示效果，也不能用粗糙的布或是纸类物品，因为这类物质易产生划痕。当不开电视时，需关闭液晶显示屏（不要仅限于遥控器的关闭状态），以防止灰尘堆积。不要用指尖（经常对屏幕指指点点）或尖物在液晶屏幕上滑动，以免划伤表面。保持使用环境的干燥，远离一些化学药品。

(2) **电冰箱保洁**

电冰箱需安排单独电源线路和使用专用插座，不能与多个其他电器合用同一插座，否则会造成不良事故。正确安放电冰箱：不能距离火炉、暖气片等热源的地方较近，同时应避免阳光的直接照射，这样有利于散热；应摆放在不潮湿的地方；应摆放在通风良好地方；电冰箱背部应离墙10厘米以上，顶部应有30厘米以上的高度空间，四周不应该放置过多的杂物；应摆放在地面平稳的地方，否则当压缩机启动时会产生振动并发出很大的噪声，长期如此会缩短电冰箱的使用寿命；上下不应该摆放重物或过多杂物，特别是不能摆放其他电器。

(3) **洗衣机保洁**

一般新买的洗衣机在使用半年后，每隔三个月都应用洗衣机专用洗洁剂清洗一次。清洁洗衣机时，要先往一条干毛巾上倒上200毫升的米醋；然后把沾满米醋的毛巾放到洗衣机里；盖上洗衣机的盖子，按下电源键，调成甩干模式，再按下启动键。一会儿桶的内部会均匀沾上米醋，保留1个小时，这样可以软化污垢；倒出半袋小苏打，往小苏打里倒入适量的清水，把小苏打溶解一下；往洗衣机里加满水，把小苏打液倒进洗衣机里，泡2个小时；2个小时以后，盖上洗衣机盖子漂洗两次。另外要注意，平时不用洗衣机的时候，最好经常打开洗衣机的盖子，让洗衣机内部保持干燥状态。洗完的衣服应立刻拿出来晾晒，千万不要闷在里面。

(4) **空调保洁**

空调使用有两忌：一是忌与其他电器共用插座；二是忌在运行中改变热泵型空调的运行状态。清洗空调时可用柔软的布醮少量的中性洗涤剂擦拭空调器，而且清洗时水温应低于40℃，以免引起外壳、面板收缩或变形；室内进风过滤网应每隔20天清洗一次，室外机组也应定期除尘。

(5) **饮水机清洗**

清除饮水机机身里的水垢，应先排尽余水，然后再打开冷热水开关放水，取下饮水机内接触矿泉水桶的部分，用酒精棉仔细擦洗饮水机内胆和盖子的内外侧，为下一步消毒做准备。按照去污泡腾片或消毒剂的说明书，兑好消毒水倒入饮水机，使消毒水充盈整个腔体10～15分钟，但更建议从进水口倒入少许白醋或鲜榨柠檬汁，再将里面加满水清洗两小时，这样不用担心清洁剂残留对人体造成危害。

3. 居室日常清洁

(1) 清场

将影响清洁作业的家具、工具、材料、用品等集中分类放置到合适位置。垃圾清扫后转移到室外或倒进室内垃圾桶。

(2) 清洁墙面

掸去墙面浮尘。

(3) 清洁窗框

先湿抹，再铲除多余物，最后用干净清洁巾擦净。如果窗户玻璃较脏，可以同时擦拭干净。

(4) 清洁窗户玻璃

清洁窗户玻璃一般使用以下方法：擦窗器法、水刮法、搓纸法。

(5) 清洁窗槽和窗台

首先用吸尘器吸出窗槽污垢；不易吸出的污物，用铲刀或平口工具配合润湿的清洁布尝试清理，尽量使用不好的清洁布或废布。窗槽清理完毕，将窗台收拾干净。

(6) 清洁纱窗

可用水冲洗纱网，再擦净纱窗窗框。晾干后安装。

(7) 清洁卧室、客厅、餐厅、书房、阳台

主要包括开关、插座、供暖设施、柜体、家具类表面的清洁。

(8) 清洁厨房

清洁顺序为顶面、墙面、附属设施、橱柜内部、橱柜外部、台面、地面（如果厨房为清洁使用水源地，则厨房地面清洁可安排在后期进行）。

(9) 清洁卫生间

清洁顺序为顶面、附属设施、墙面、台面、洁具。

(10) 清洁踢脚线

踢脚线上沿吸尘，然后擦干净。

(11) 清洁门体

清洁顺序是门头、门套、门框、门扇、门锁。

4. 发达国家家庭劳动教育经验

案例

美国和德国不同年龄段孩子的劳动清单

美国孩子平均每天在家里劳动的时间为1.2个小时，不同年龄段的劳动清单如下。

2~5岁：扔垃圾箱；拿取东西；挂衣服；使用马桶；洗手；刷牙；浇花；整理玩具；喂宠物；睡前铺床；饭后把盘碗放到厨房水池里；把叠好的干净衣服放回衣柜；把脏衣服放进脏衣篮。

5~6岁：不仅要熟练掌握前一阶段要求的家务，还要能独立到信箱里取回信件；铺床；准备餐桌；饭后把脏的餐具放回厨房；把洗好烘干的衣服叠好放回衣柜（学校和家庭教给孩子如何正确叠不同的衣服）；自己准备第二天要穿的衣服；收拾房间（把乱放的东西捡起来并放回原处）。

6~12岁：不仅要熟练掌握前几个阶段要求的家务，还要能打扫房间；做简单的饭；帮忙洗车；吸地擦地；清理洗手间；扫树叶，扫雪；会用洗衣机和烘干机；把垃圾箱搬到门口街上（有垃圾车来收）。

13岁以上：不仅要熟练掌握前几个阶段要求的家务，还要能换灯泡；换吸尘器里的垃圾袋；擦玻璃（里外两面）；清理冰箱；清理炉台和烤箱；做饭；列出要买的东西的清单；洗衣服（全过程，包括洗衣、烘干衣物、叠衣以及放回衣柜）；修理草坪。

德国法律条文中有一项规定：孩子在6岁之前可以玩耍，不必做家务；6~10岁，偶尔要帮助父母洗碗、扫地、买东西；10~14岁，要剪草坪、洗碗、扫地及给全家人擦鞋；14~16岁，要洗汽车、整理花园；16~18岁，如果父母上班，要每周给家里大扫除一次。对于不愿意做家务的孩子，父母有权向法院申诉，以求法院督促孩子履行义务。

（资料来源：搜狐网，2019年6月11日）

从美国和德国不同年龄孩子的劳动清单中可以看出，他们都非常重视孩子的家庭劳动，培养孩子独立自主精神。中国家庭中的很多人从小劳动的时间少，或者根本没有学着劳动。这和很多父母的教育观念有关，他们注重孩子的智力开发，却缺乏对他们生存技能的培养，致使他们中的一些人缺乏责任心。现在通过学习，我们已经认识到我们是家庭当中的一分子，有责任和义务做一些力所能及的家庭劳动，从日常生活劳动中培养我们的责任心和自豪感。

5. 室内空气净化

室内是人们生活和工作的主要场所，如果室内长期空气质量差，不但影响人们的工作效率和生活质量，还对健康和寿命有负面作用，因此越来越多的人喜欢使用空气净化器，但我们也可做一些力所能及的净化工作。

① 空气需要流动才能保持清新，平时室内有异味或是感觉屋子里很闷，就要适当打开门窗通风换气。如果窗户和门设在背风面，自然通风能力差，就最好安装一个排气扇或是鼓风机。

② 适当开门窗能通风换气，但有时也会导致室内空气变差。室外烟尘或是有异味，就要关闭门窗，防止污染室内空气。梅雨天气的时候回潮严重，也要关闭门窗，防止室外的潮湿空气流入室内，导致室内空气产生浓烈的霉味。

③ 每天打开窗帘。因为阳光中有紫外线，具有一定的杀菌能力，所以为了绿色环保杀菌，最好每天打开窗帘给室内晒一会太阳。

④ 安装紫外灯。假如室内完全无法接受阳光照射，可以安装紫外灯，人员不在室内的时候，定期开灯进行杀菌，对室内空气净化也有好处。

⑤ 放置水盆和加湿器来增加空气湿度。如果室内空气非常干燥，不但容易起尘，还可能导致室内静电累积和传导，对居住者和精密电子设备都有害。

⑥ 放置生石灰或干燥剂。如果室内湿度过大，易导致物品霉烂，还容易滋生细菌，所以，此时要降低室内空气湿度，可以在室内用敞口容器放置一些生石灰，或是放置一些无腐蚀性干燥剂（最好选择可以循环回收使用的干燥剂），它们的强吸水性可防止空气潮湿。

⑦ 凡事从细节做起，在日常生活中养成良好习惯。大小便都要及时冲水，坐式马桶不用时要盖上盖子；卫生间和厨房有异味时要开通风机，做饭炒菜要开抽油烟机；卫生间和厨房要定期清洁消毒杀菌，防止滋生细菌产生霉味；卫生间和厨房的门窗在卧室和厅堂一侧时要尽量关闭，防止厨卫废气污染其他房间；厨卫的其他向阳门窗要尽量定期打开，晒一下太阳，自然杀菌。

⑧ 偶尔可以使用空气清新剂来除味。长期来说，不建议使用空气清新剂，市场上不少空气清新剂都有一定的局限，长期使用可能有副作用。

⑨ 室内要经常打扫卫生，进行除尘。如果没有吸尘器，就用除尘拖把。地面不要弄得太湿，否则容易滋生细菌。

⑩ 防止室内污染。像汽油、柴油、油漆溶剂等挥发性物质，尽量不要在生活居室内存储，以防止挥发到空气里产生污染，也不安全。一旦这些物品产生了室内污染，特别是装修或重新装修，一定要对居室进行足够时间的通风。

⑪ 栽种绿色植物。可以在室内栽种诸如滴水观音、吊兰、绿萝、海芋、橡皮

树等吸附灰尘和有毒气体能力比较强的绿色植物，选取的植物要容易养活，这样不用费心。

七、日常家务劳动

1. 家居维修

几乎每个人在日常生活中都会遇到水管漏水、墙地面破损以及开关插座失效等问题。这些家居中与居住使用密切相关的小问题，稍不注意就容易导致大难题。面对这些问题，很多人常常感到束手无策，叫人来修理，不仅要收费，而且不能及时解决问题；自己动手，看似很简单的事情，做起来又很费劲。其实，大多数家居维修工作都不难解决，主要在于人们对其是否了解，是否有一个正确的维修方法。

家庭作为个人成长的根基，家务劳动方式对于人们的健康成长有着重要的影响。每个人无论年龄大小都是重要的家庭成员，这就要求每个人在家庭中担负起该有的责任，而承担家务则是最好的方式。通过家务劳动能体会父母的不易，体验劳动的价值，感知生活的意义，从而拓展我们的生存空间。

2. 为父母做一道菜

（1）活动目标

帮助学生重视日常家务劳动，培养个人动手能力和家庭责任感，增强感恩心。

（2）活动时间

建议 45 分钟。

（3）活动流程

① 每名学生精心为父母准备一道热菜并把制作过程录制后编辑为 90～120 秒的短视频，短视频中要说明（文字或语音）：a. 选择这道热菜的原因；b. 菜品的制作关键；c. 父母品尝后与自己的谈话。

② 每名学生写一份 1000 字左右的心得体会。

③ 教师将学生按照 6～8 人划分小组，组内成员一起观看小组内每个人制作的视频，并对心得体会展开讨论，然后汇总形成本组的心得体会。

④ 每组推选一名代表上台演示自己的视频，并分享小组的心得体会，其他小组可以对其进行提问，小组内其他成员也可以回答提出的问题；通过问题交流，将每一个需要探讨的问题都弄清楚。

⑤ 教师对各组分享进行分析、归纳、总结，引导学生重视日常家务劳动，懂得感恩。

⑥ 教师根据各组在研讨过程中的表现予以评分。

第五节　社会在高校劳动教育实践中的发展创新

一、社会实践的内涵、类型和意义

1. 社会实践的内涵

（1）社会实践的定义

社会实践是培养学生创新精神和实践能力、提升学生综合素质的良好载体，是实施素质教育的一种良好形式。哲学上的实践是讲人类认识世界、改造世界的各种活动的总和，包括认识世界、利用世界和改造世界等。当然重点是为求生存进而为求发展的改造世界的活动，其中尤以物质生产活动为最基本。社会实践是学生走向社会的一个很重要的锻炼环节，也是教育与实践相结合的具体体现。学生参加实践活动，是课堂教育的延续。社会实践是教育教学内容的重要组成部分，主要以学生个人主动参与及体验为主，是巩固所学知识、吸收新知识、发展智能的重要途径。它不受教学大纲的限制，学生可以在这个课堂里自由驰骋，发挥自己的才能。

（2）社会实践的特点

社会实践具有实践性、开放性、生成性和自主性等特点，为学生综合素质的提升，特别是创新精神和实践能力的培养，提供了广阔的空间。学校学习的最终目的是要学以致用，为以后的社会生活积累必要的知识储备。社会实践可以使学生对书本知识在实际生活中的应用有一个练习的机会，同时也使学生对社会有一个初步的了解。在这种双向了解的过程中，学习社会知识，促进学生社会化，为所有人以后融入社会生活做一个铺垫和准备；在动手的过程中，体会课本知识，发展自己的动手能力；充分利用在校期间的以学习为主、学好和掌握科技知识的有利条件，在社会实践中磨炼自己，真正锻炼和提高自己的适应能力。

（3）社会实践的原则

高校学生社会实践的总体要求是：全面贯彻党的教育方针，遵循高校学生成长规律和教育规律，以了解社会、服务社会为主要内容，以形式多样的活动为载体，以稳定的实践基地为依托，以建立长效机制为保障，引导大学生走出校门、深入基层、深入群众、深入实际，开展教学实践、专业实习、军政训练、社会调查、生产劳动、志愿服务、公益活动、科技发明和勤工助学等，在实践中受教育、长才干、做贡献，树立正确的世界观、人生观和价值观，努力成长为中国特色社会主义事业的合格建设者和可靠接班人。

高校学生社会实践的工作原则主要有以下几点。

① 坚持育人为本，牢固树立实践育人的思想，把提高高校学生思想政治素质作为首要任务。

② 坚持理论联系实际，提高社会实践的针对性、实效性、吸引力和感染力。

③ 坚持课内与课外相结合，集中与分散相结合，确保每一个高校学生都能参加社会实践，确保思想政治教育贯穿于社会实践的全过程。

④ 坚持受教育、长才干、做贡献，保证学生社会实践长期健康发展。

⑤ 坚持整合资源，调动校内外各方面积极性，努力形成全社会支持高校学生社会实践的良好局面。

(4) 社会实践存在的问题

① 社会实践的时间较短，内容缺乏创新。有调查显示，超过80%的学生在高校阶段每年都会参加社会实践活动，其中54%的团队实践时间不到1周，30%的团队实践会持续2～4周，只有16%的团队实践会持续超过1个月。

② 学校和社会缺乏对社会实践的指导及保障机制。

③ 高校学生对社会实践的认识不准确。学生中的很多人认为实践活动是旅游，是打寒暑假工。这些错误的认识使得他们在实践过程中得不到锻炼，达不到实践活动真正的育人效果。

④ 家长及社会支持度不高。

2. 社会实践的类型

(1) 以校内服务为主的岗位实践

社会实践活动首先应该从与学生学习生活关系密切的校内生活开始。学校在具体的开发过程中，可以充分运用学生的能力，相信学生，放手让学生从事一些校内岗位相关工作，从而提高学生的能力。如校园迎宾活动、校园卫生值日的检查、纪律的维护、家长会时的服务导引工作、大型活动时的秩序维护等；也可帮助老师做一些辅助的工作，如帮助图书馆进行图书的整理、登记工作，帮助实验老师进行实验仪器的整理，帮助微机老师进行计算机系统维护等；还可从事一些校园的公益劳动，如进行公益卫生打扫、到食堂帮厨等。

这些活动，既锻炼了学生的能力，也使学生对其生活的校园有一个了解，了解部分老师的工作，从而使他们珍惜这些活动和劳动成果，尊重老师的工作。

(2) 以调查研究为主的社会实践

学生在老师的指引下，针对某一社会现象，进行资料查询、专家走访、实地考察，提出这一现象出现的缘由、现状、解决的办法等，进而形成自己的考察报告。从学生的选题、调查的过程到形成报告的这一过程中，都需要认真地思索，不但要开动脑筋充分运用所学的知识，而且要充分锻炼学生的资料收集能力、分析问题能力、观察能力、人际交往能力、写作能力等。在这类实践中，需要教师对学生进行认真指导，切实选择适合学生实际的、经过其努力便能解决而又存在一定难度的论题，如调查水污染、学生心理状况、课间教室关灯与资源节约等，都是他们可以参与的社会实践活动。

(3) 以社区服务为主的社会实践

学生在教师指导下，走出教室，进入实际社会情境，直接参与和亲身经历各种社会生活活动，开展各种力所能及的社区服务性、公益性、体验性的学习与实践，以获取直接经验，发展实践能力，增强学生的社会责任感。针对自己生活的社区，通过垃圾分类、清除非法广告、帮助孤残老人和儿童、慰问军属烈属等各种形式的活动，进一步了解社会，增强社会责任感。

(4) 以公益宣传为主的社会活动

学生可利用节假日，走上街头，进行公益宣传，提高公众对某一社会现象的关注，增强公众的科学意识，建设环保节约型社会，如环保宣传、交通安全宣传、节约水资源的宣传、法律知识宣传、禁烟宣传等。这类宣传比较容易进行，只要结合某一节日（如世界水日）进行即可，但要注意在宣传时不要只面向公众，还要与个人的生活实际相联系，这样在宣传的过程中也会提高学生个人的意识与水平。

(5) 以参观为主的实践活动

在学校的组织下学生可以进行一些参观活动，这些参观可分为两类：一类是个人所在地的现代化企业；另一类是本地的一些人文自然景观。通过参观现代企业，学生可感受到现代企业文化和企业管理，体验到现代高科技。通过参观本地的人文自然景观，如历史博物馆、科技馆、地质博物馆、一些遗址等，学生可了解本地的自然人文情况，增强其对区域性文化的了解。

3. 社会实践的意义

(1) **提高个人能力**

高校学生社会实践是在校学生利用课余时间，步入社会进行社会接触，提高个人能力，触发创作灵感，完成课题研究，发挥个人聪明才智以求和社会有更大的接触，对社会做出贡献的活动。学生们通过参与、动手、思考、解决问题等过程，将所学的书本知识内化为自己的能力，全面提升其自身的思想素质、求真精神和务实的品质；同时也培养了其积极向上、珍爱美好生活的优良心理品质。

(2) 激发对社会问题的思考

社会实践活动，将有助于学生们接触群众、了解社会。他们在社会实践过程中，很自然地要走出校门、离开书本、走入社会，并通过融入社会、贴近自然、感触生活，增加对社会的认识与理解、体验与感悟，并能够在此基础上反思社会现象，发展批评思考能力，从而增强他们的社会责任意识。这是一个长期积累的过程。同时在参与实践活动的过程中，会促使他们对出现的一些问题进行思考，并站在他们的角度上探寻解决的办法，加深学生对社会的认识。

(3) 促进个人成长

社会实践活动能有效地锻炼学生的能力，提高学生的综合素质，增强学生的社会生活能力。当然在这一过程中，也会存在一些困难，如社会实践活动的时间安排问题、教师的跟进问题，甚至活动的一些经费问题等。但在活动过程中，只要用心发掘资源，一定能够找到合适的方式与方法，也一定能够对学生们的成长起到积极的作用。

二、社会实践的实践过程

高校学生社会实践活动从筹划、实施到完成是一个过程。对于同一活动，由于其方法、时机、对象、目标不同，其效果是截然不同的。因此，在组织社会实践过程中，要想效果最佳，必须重视过程优化。学生社会实践活动过程一般包括调适、抉择、升华、策划四个环节。过程优化的重点就是上述四个环节的整体优化。

1. 调适

学生们应该对社会实践过程中遇到的各种难题，从心理上、思想上、能力上、知识上进行必要的准备。长期生活在"象牙塔"中的学生们，一旦步入社会，展现在面前的将是一幅五彩缤纷的社会画面，令人目不暇接，若缺乏必要的思想准备，必然导致事实难以分辨。

(1) 社会实践前的知识调适

参加社会实践的过程，既是接触工农、了解社会、认识国情、提高觉悟的过程，也是运用知识、理论联系实际、服务社会的过程。因此，我们每个人合理的知识结构，直接影响社会实践活动的效果。所谓知识结构，是指一个人知识体系的构成状况与组合方式。就学生个体而言，无论在知识容量上，还是在知识构成上都是有限的，因此要求按照社会实践的需要调节知识结构——从实际出发、从社会需要出发，坚持缺什么补什么的方针。

(2) 社会实践前的能力调适

知识不等于能力。歌德曾尖锐指出："单学知识的人仍然是蠢人。"建立合理的能力结构，是提高实践有效性的关键之一。在社会实践活动中最关键、最能起作用的能力是社会适应能力、实践动手能力、言语表达能力、组织管理能力和分析观察能力等。

(3) 社会实践前的心理调适

一旦走向社会，许多难题就会摆在同学们面前。一是生活，衣、食、住、行都要自理，这对自理能力较差的一些学生而言是一大难关。二是活动，在社会上开展的活动与学校不同，时间有限，加上人生地不熟，对此若没有必要的心理准备，过分地理想化，一旦遇到难题，就会无所适从、进退两难。

2. 抉择

抉择即选择，指从众多方案中挑选最佳方案的过程。在众多方案中如何选出最佳方案，直接影响着社会实践活动的实际效果。在选择活动目标时应注意，目标不宜太低，但也不宜太高。比如，工科专业的学生，如果想把攻克某个难关作为活动目标，那么其成功率肯定是不高的。社会实践活动的内容是丰富多彩的。要选好活动的内容，就必须选好活动的主题，鲜明的主题可以容纳丰富的活动内涵。主题提出后，必须具有可行性，要让人看得见、摸得着，只有这样才能引起人们的心理共鸣。学生在校时间是有限的，在参加社会实践活动的时间安排上，应根据学习的松紧程度给予合理安排，大规模的、难度大的、任务重的活动，一般应安排在假期为宜，并要坚持就近、方便的原则。

3. 升华

社会实践的根本宗旨在于人才和社会的双重效益。要使人才效益达到最佳，一个不可缺少的环节就是升华。所谓升华，就是要使我们的思想觉悟、知识能力等方面在社会实践中得到提高和精炼。升华过程可有下述三个阶段：净化阶段、深化阶段和升华阶段。我们的思想应发生新飞跃，积极为成为新时代的建设者做好准备。

4. 策划

社会实践策划是社会实践中的一个重要环节，是对社会实践目标、内容和方法的统一。强化社会实践策划活动，可以帮助学生们更好地完成社会实践活动。社会实践活动是培养大学生的重要方式，在其成长为合格的社会主义接班人的过程中具有不可替代的作用。策划是理论知识与实践活动的结合点，在整个社会实践中起到承上启下的作用，是高校学生形成理论联系实际观念的重要方法。

三、社会调查

1. 社会调查的概念和类型

社会调查是人们有目的有意识地通过对社会现象的考察、了解和分析、研究，来了解社会真实情况，认识社会生活本质及其发展规律，探索改造、建设社会的道路或方法的一种自觉认识活动。社会调查包含以下四层意思。

① 社会调查是一种自觉认识活动。

② 社会调查的对象是社会现象。

③ 社会调查要使用一定方法。

④ 社会调查要有一定目的。

调查程序包括选题阶段、准备阶段（准备调查内容、调查工具、调查对象）、调查阶段（收集资料、实施调查）、分析阶段（审核、整理、统计、分析）和总结阶段（调查报告）。

2. 高校学生应该掌握的调查方法

(1) 选题

根据当前国家经济形势和相关的方针政策，以及自己的专业、兴趣和学识，并结合社会调查的要素特征，选定一个值得研究的问题，如小城镇建设、退耕还林等。选题时应当查阅必要的文献资料，咨询相关老师。

(2) 计划

要紧扣选定的主题，参照相关资料，提出不同层次的问题，并确定系统的调查项目，比如，要研究小城镇建设，就要提出其必要性和所需条件等问题，每个问题又包含了若干小问题。

(3) 设计指标

指标就是用一定的数量和单位来描述调查对象，如某地区的人口和人均收入等。要用各种数量和质量指标从各方面完整地揭示调查对象的本质特征，保证其纵向和横向的可比性。

(4) 拟定提纲

要用提纲的形式将以上准备确定下来，对所有提出的问题和项目加以精选，区分轻重缓急，使系统完整。

(5) 选择适当的调查方式和方法

常用的调查方式有普遍调查（对调查对象的每个部分毫无遗漏地逐个调查）、典型调查（选择一个或若干个具代表性的单位做全面、系统、周密的调查）和个案调查（对社会的某个人、某个人群或某个事件、某个单位所做的调查）。常用的调查方法有：问卷法，合理设计问卷，采用开放式、封闭式或混合式问卷收集信息；文献法，通过书面材料、统计数据等文献对研究对象进行间接调查；访问法，通过交谈获得资料；观察法，现场观察，凭借感觉的印象搜集数据资料。

(6) 培训与准备

请有关专家对参与调查的人员进行必要的培训，包括调查态度和调查技能的培训。此外，还应该注意筹备必要的资金和物质条件，做好与被调查单位的接洽工作，并争取有关单位的支持，保证调查工作的顺利开展。

3. 社会调查的意义

社会调查有助于我们认识社会生活的真实情况和因果联系，揭示社会现象的本质及其规律，寻求新方法。研究问题、制定政策、推进工作，刻舟求剑不行，闭门造车不行，异想天开更不行，必须进行全面深入的调查研究。只有深入调查研究，才能真正做到一切从实际出发、理论联系实际、实事求是，保证我们在工作中尽可能防止和减少失误，即使发生了失误也能迅速得到纠正而又继续胜利前进。经常开展调查研究，有益于深刻了解群众的需求、愿望和创造精神、实践经验等。

 案 例

大学生社会调研报告（节选）

1. 调研时间

2023年6月15～18日。

2. 调研地点

合肥市各大商场、商城。

3. 调研目的

通过几天的参观实习和调研，对各种类型的专卖店进行观察，并对具体的案例进行分析，增加自身对于商业空间设计的知识积累，进一步了解并认识自己应该注意的问题，为今后的室内设计工作打下良好的基础。

4. 调研内容

考察商场各专卖店（服装店、鞋店、包店、珠宝店等）的空间设计。

5. 结论

原先简单的室内设计已经不能满足人们的需求了，现在设计师们要做的不仅是从色彩、材料、总体预算上为人们考虑，而且更要在室内空间使用上下功夫，只有这样才能做出更符合人们要求的设计。店面的布置最好留有依季节变化而进行调整的余地，使顾客不断产生新鲜和新奇的感觉，激发他们不断来消费的愿望。一般来说，专卖店的格局只能延续3个月时间，每月变化已成为专卖店经营者的促销手段之一。

（资料来源：以上案例由作者根据网络资料整理而成）

调研不仅是一项劳动技能，而且是社会实践活动的重要方式。高校学生可以根据专业、兴趣和特长，进行简便易行的调研。这种调研活动一方面开阔了眼界，另一方面也具备行业参考价值，不仅是学生提升个人价值的重要途径，而且还是以技能回报社会的初创成果。我们应该乘风破浪，以新知识武装自己，提升劳动技能的含金量。

四、社区劳动

1. 社区与社区服务

(1) 社区定义

社区是若干社会群体或社会组织聚集在某一个领域里所形成的一个生活上相互关联的大集体，是社会有机体最基本的内容，是宏观社会的缩影。社区是具有某种互动关系和共同文化维系力的，在一定领域内相互关联的人群形成的共同体及其活动区域。

社区的特点：有一定的地理区域；有一定数量的人口；居民之间有共同的意识和利益；有着较密切的社会交往。

(2) 社区志愿者

社区志愿者是在社区范围内无偿主动承担社会责任的人。他们在不为任何物质报酬的情况下，主动承担社会责任，奉献个人的时间及精力。

(3) 社区志愿服务

一是志愿者"一助一"长期结对服务工作，此工作从1994年年初开始实施，通过青年志愿者组织牵线搭桥，由一名青年志愿者或一支青年志愿者服务队为一个困难家庭提供经常性服务，目前全国"一助一"已结成300多万对。二是开展设点服务，即以街道设施、家庭、楼院设立网点为居民提供多种技能性或劳务性服务，如理发、修脚、修理电器等。

(4) 社工精神

社工精神与人文精神、志愿精神既有联系又有区别。与人文精神相比，社工精神是一个小概念，人文精神是其上位概念；志愿精神与社工精神则是两个内涵不同的并列概念。社会工作是一门专业的助人学科，是一个高尚的事业。社工精神是社会工作实践的灵魂，是社会工作者的精神动力。作为一种专业价值观，它指一整套用以支撑社会工作者进行专业实践的哲学信念。社会工作价值观以人道主义为基础，充分体现了热爱人类、服务人类、促进公平、维护正义和改善人类与社会环境关系的理想追求，激励和指导着社会工作者的具体工作。社工精神具有重要意义，并主要表现在理论作用与实践作用上。在理论作用上，社工精神是构成专业社会工作的必要条件之一，是确定社会工作专业使命或目标的根据，同时，也是专业教育的核心内容。在实践作用上，社工精神是社会工作者的实践动力；通过社会工作专业伦理标准这种形式，社会工作价值观可以指导社会工作者的实践；社工精神是促进社会工作者个人成长的有效力量。社会工作价值观是维系社会期望和社会工作专业服务关系的关键。

2. 社区劳动的技能与技巧

(1) 社区劳动范畴

主要以校园周边社区为中心开展志愿者服务工作，立足于本辖区群众开展活动，为广大群众的精神文明建设和生活劳动建设服务。

学生在社区可结合个人的专业主要开展以下服务项目。

① 为社区打扫部分街道卫生的志愿活动。
② 开展敬老助残、救助弱势群体的志愿活动。
③ 开展环保知识及健康知识的宣传和讲座。
④ 开展爱心家教等有益社区儿童的志愿活动。
⑤ 宣传青年志愿者精神及其他综合活动等。

(2) 绿色服务

当前社会最为关注的问题无疑是环境问题。随着社会的发展和人类的进步，在满足了经济需求后，人类开始寻找自身和周围环境的良性发展。因此开展环保活动刻不容缓。学生们可参加青年志愿者协会，在校团委的领导下，主要开展以下几个方面的社区环保劳动。

① 开展植树造林的志愿者活动。
② 开展垃圾分类的志愿者活动。
③ 开展清理白色垃圾的志愿者活动。
④ 开展动物保护的志愿者活动。
⑤ 开展环保方面的宣传活动等。

(3) 健康服务

宣传健康知识，提高全民对健康的重视。一般由学校青年志愿者协会协助区政府及各机关部门开展各项活动，主要有以下几个方面。

① 参与献血、捐献骨髓等服务活动。
② 开展关于健康方面的公益演出。
③ 编制健康知识小手册，并为社区群众发放。

(4) 文艺宣传

开展文艺活动，主要有节目主持、声乐、器乐、戏剧、相声、小品表演及本地的风土人情、风俗习惯、传统文化等的发扬与宣传。

(5) 赛会服务

负责为各种大赛活动服务，服务内容有以下几个方面。

① 外语翻译。
② 计算机操作。

③ 礼仪服务。
④ 安全保卫。
⑤ 体力服务。

(6) 公益服务

主要针对各类社会福利机构，如福利院、敬老院、慈善机构、红十字会、纪念馆、医院、图书馆、博物馆等，开展相应服务。

(7) "一对一"服务

志愿者可在区内及市范围内结成"一对一"定点服务，以接力的形式将工作延续下去。可根据需要的不同、志愿者能力的特点，针对不同形式的需要，组织不同的小分队开展社区劳动。志愿者的服务对象是孤寡老人、残疾人、生活困难的人、离退休人员、下岗员工、特困未成年人、教育行业的弱势群体等。可以根据服务对象的不同制定不同的实施方案，并组成一批长期稳定的志愿者服务队来为他们提供帮助，如扶贫帮困、文化教育、法律援助、文体娱乐、生活家政、医疗卫生、环境保护等。

案 例

积极参与社区防疫的大学生

湖北某医科大学学生小刘的家乡位于陕西省一个小镇。2020年，他了解到当地防疫物资非常紧张，所以利用自己的专业所长与家人一道成功配置出了含有效氯8000毫克/升的消毒液。

为满足防疫所需，他与家人共制了2240升84消毒液，按比例可配置134.4吨消毒药水，满足全镇各街道、村组、养老院所需。

小刘说，积极参与社会劳动是大学生应当承担的社会责任。如今，他在家乡成了妇孺皆知的优秀志愿者。

（资料来源：人民网，2020年5月4日）

五、农工商生产劳动

1. 农业生产劳动

(1) 农业文明与常见农作物

① 农业文明。今天我们所享受的所有文明皆起源于农耕文明，稼穑是社会发展的根基和重要一环，更是人生不可或缺的一环，有稼穑经历和体验的人生更扎实，也更丰富。《尚书·无逸篇》说："不知稼穑之艰难，乃逸乃谚。"意思是没有体验过"面朝黄土背朝天"的艰辛滋味，就会变得放纵、荒唐。这句3000多年前

周公告诫子孙的至理名言，到了今天仍具现实意义。现代农业文明带给当代人类的不仅仅是一种新能源，更是继工业革命之后的又一次经济形态转型的新革命。中国农业文化来自中国传统农业，体现和贯彻中国传统的天时、地利、人和以及自然界各种物质与事物之间相生相克关系的思想，精耕细作，轮种套种，是它的典型工作生产模式。随着中国农业的发展，现代农业越来越需要有文化、懂技术、会经营、有较强市场意识、有较高生产技能、有一定管理能力的新型农民。

② 认识常见农作物。我国农作物主要分为七大类：粮食作物、油料作物、蔬菜作物、果类、野生果类、饲料作物、药用作物。粮食作物：小麦、水稻、玉米、大豆、薯类等。油料作物：油籽、蔓青、大芥、花生、胡麻、向日葵。蔬菜作物：萝卜、白菜、芹菜、韭菜、胡萝卜、菜瓜、莲花菜、莴笋、辣椒、黄瓜、西红柿、香菜等。果类：梨、青梅、苹果、桃、杏、核桃、李子、樱桃、草莓、沙果、红枣等。野生果类：酸梨、野杏、毛桃、山枣、山樱桃、沙棘等。饲料作物：玉米、蚕豆、南瓜等。药用作物：人参、当归、金银花、薄荷等。粮食作物是人类主要的食物来源，同时也是牲畜的精饲料。经济作物一般指为工业，特别是为轻工业提供原料的作物，按其用途分为：纤维作物（棉花、麻类、蚕桑等）、油料作物（花生、油菜、芝麻、大豆、向日葵、橄榄等）、糖料作物（甜菜、甘蔗等）、饮料作物（茶叶、咖啡、可可等）、嗜好作物（烟叶等）、药用作物（人参、灵芝等）和热带作物（橡胶、椰子、油棕、剑麻等）。

(2) 种植技能、畜牧技能和采摘技能

① 农作物种植技能。在种子没有问题的前提下，植物要想生根发芽就必须满足4个条件：温度、水分、空气和肥料。例如，大蒜发芽比较适宜的温度是20℃左右，超过这个温度就会抑制大蒜发芽速度。农作物在生长发育过程中，需要碳、氢、氧、钙、镁、硫、氮、磷、钾、硼、铝、锌、锰、铁、铜、氯等多种元素，其中碳、氢、氧可以从水和空气中取得，而其他大多数是从土壤中取得，当土壤不能满足时，就必须通过施肥来解决。影响农作物生产的主要因素有：天气、水、土壤和人为措施。天气是影响农作物生产的一个因素，有的农作物需要长光照，有的农作物需要的积温少，有的农作物需要的积温多。水是农作物的生命，其需水量很大。土质的好坏直接影响产量，改良土壤，增加土壤的肥活度十分重要。合理施肥是提高农作物产量的一项重要措施，而不同的农作物所需的肥量是不同的。要知道同一种农作物在各生育期中需水、施肥的多少，以及适应的气候，才能为农作物提供良好的生长条件。

农作物栽培步骤：精细整地，抢墒覆膜。土壤耕作是根据植物对土壤的要求和土壤特性，采用机械、非机械方法改善土壤耕层结构和理化性状，以达到提高肥力、消灭病虫杂草的目的而采取的一系列耕作措施，包括切茬、开沟、喷药、施肥、播种、覆土等多道工序。覆膜栽培关系到土壤的结构。施足底肥，谨防早衰。

重施有机肥，增施磷、钾肥，适当施氮肥，以便增强树势，这是提高果实品质、促进着色的基础。改善光照，合理整形修剪，打开光路。出苗时，中耕除草并施人畜粪水。

② 畜牧技能。畜牧业主要包括牛、马、驴、骡、骆驼、猪、羊、鸡、鸭、鹅、兔等家畜家禽饲养业和鹿、貂、水獭、麝等野生经济动物驯养业。畜牧业与种植业并列为农业生产的两大支柱。发展畜牧业必须根据各地的自然经济条件，因地制宜，发挥优势。畜牧业养殖技术，包括培育和繁殖，其中养殖技术包括生猪养殖技术、家畜养殖技术、水产动植物养殖技术、特种养殖技术几大类。

③ 采摘技能。农作物采摘应参照节气和植物生长规律，做到正确合理、适时采摘。要掌握采摘时间，成熟度需合适，太嫩影响产量，太老影响质量。一般采摘适宜期为 7~8 分熟时。如蔬菜每天采摘时间以上午 9 时前和下午 6 时后为宜，这时蔬菜嫩脆，纤维少、品质优。采摘时，要用中指顶住花梗，然后用食指和拇指捏住，轻轻地掰下来，不要强拉硬扯，不要折断，不要采半截，要有顺序地从上到下，从内到外依次采净粗细、长短、成熟度一致的，不能漏采和强采。另外，随着科技发展，农业机器人也可以担当采摘重任，它以农产品为操作对象，兼有人类部分信息感知和四肢行动功能。

2. 工业生产劳动

(1) 中国工业现状

中国已从一个落后的农业大国转变为一个工业大国；中国工业化进程已从初期阶段快速发展到工业化后期阶段。在世人瞩目的经济增速背后，是一个世界性的实体经济大国崛起，或者更为具体地说是工业大国的崛起。

(2) 一般工业技能

① 金工实习。金工实习包括铸造、锻压、焊接、切削加工的基础知识和车工、铣工、刨工、磨工、钳工、数控加工、特种加工等内容。

高校机电工程专业通常开设金工实习课程，包含钳工实习、车工实习和铣工实习。要求掌握铣床的基本结构和操作方法、工件安装的方法及要求、工件对刀的方法、铣削要素及切削用量的换算、铣削方式的区分，具有使用普通铣床按照图纸加工出中等复杂零件的技能，具备按图纸要求控制尺寸的能力。

工人技能的增强是经济进步和经济福利增长的基本源泉。技能标准是按不同工种、不同等级制定的，包括"应知""应会"和"工作实例"三部分。我国的技术等级标准，按照工种的技术复杂程度分成不同的等级系列，其中，7~8 级为高级工。例如，钳工，即切削加工、机械装配和修理作业中的手工作业，因常在钳工台上用虎钳夹持工件操作而得名。钳工作业主要包括錾削、锉削、锯切、划线、钻削、铰削、攻螺纹和套螺纹、刮削、研磨、矫正、弯曲和铆接等。钳工是机械制造中最古老的金属加工技术。在机械制造过程中钳工仍是广泛应用的基本技术，至今尚无适当的机械化设备可以全部代替。

② 电子装配。电子装配主要是电子产品部件的元件安装、焊接、拼装、包装。它要求有较强的空间感和计算能力，有准确的分析、推理、判断能力，此外手指、手臂要灵活。

3. 商业服务劳动

（1）商业文明

16～18世纪的中国商业革命是由国内大宗商品的远距离贸易和海外贸易扩张来推动的。国内大宗商品的远距离贸易，由具有地方特点的商帮进行，著名的商帮有徽商、晋商、粤商、闽商、江右商、洞庭商、京商等。千百年来，京商文化穿越了历史长河，汇聚了不同文化因子，是我国地域型商业文化的典型代表：前店进行经营，专管应酬，招揽顾客；后场进行生产，负责加工订货。"炮制虽繁必不敢省人工，品味虽贵必不敢减物力"，这种商业文明彰显了精益求精和顾客至上的精神。

（2）服务业从业精神

服务业最重要的是"动脑、动手和用心"三方面的结合。动脑是理论与批判性思维的培养；动手是实操技能的训练；用心是对行业和做人的态度培养。同时，在服务领域保障艺术性和科学性的平衡。服务业的主要从业精神如下。

① 换位思考。服务精神是指为某种事业、集体、他人工作的思想意识和心理状态。具有服务精神的人有帮助或服务客户的愿望，即专注于如何发现并满足客户的需求。换位思考应该落到实际行动，如追踪客户的需求、抱怨；让客户对最新项目进展有所了解；与顾客在彼此的期望方面保持沟通，监督客户满意度的执行；给客户提供有益信息，以及友善和开心的帮助；对更正客户服务问题采取亲自负责的态度，及时解决问题等。

② 服务意识。服务意识是指企业全体员工在与一切企业利益相关的人或单位的交往中，所体现的为其提供热情、周到、主动的服务的欲望和意识，即发自服务人员内心自觉主动做好服务工作的一种观念和愿望。具有服务意识的人，能够把自己利益的实现建立在服务别人的基础之上，能够把利己和利他的行为有机协调起来，常常表现出"以别人为中心"的倾向。因为，只有首先以别人为中心去服务别人，才能体现出自己存在的价值，才能得到别人对自己服务的认可。

③ 顾客至上。服务行业的企业文化是以服务为导向、以顾客为中心的服务文化。服务业在人类现代文明和社会经济发展中的地位正日益显现，现代服务业是社会经济链条中的重要一环，上游可创造产品和效率，下游可创造市场和需求。进入21世纪，人类进入了知识经济时代，现代服务业集聚了一大批受过良好教育、拥

有现代文化素养、受过专业训练的人力资源。服务和产品的营销原则基本相同，但也有一些差异。与实际产品相比，服务更难以通过客观指标来描述，因此消费者可能在服务选择和购买方面有更多选择。此外，服务有效性更多地取决于服务员工的服务质量，而不仅仅是品牌保证。由于与人相关的诸多因素，服务业通常被认为是非标准产品。

4. 实践活动

畅想希望尝试的劳动。

（1）活动目标

深刻认识自己的优势和不足，愿意积极学习，提升个人劳动技能。

（2）活动时间

建议 30 分钟。

（3）活动流程

① 每个人畅想想尝试的劳动，并根据收集相关资料评估自己是否能胜任，若有欠缺需要在哪些方面继续努力。

② 教师根据学生希望尝试的具体工作按照农、工、商三大类进行划分，然后在每个大类里面按照 4~6 人划分小组。

③ 组内每个人按照自己填写的表格向组员展示并进行陈述，其他人可以对其提问并给予建议。

④ 每组推选一名代表向全班同学做展示和陈述，并对自我选择做评价。

⑤ 教师进行分析、归纳和总结，并对每名同学在活动过程中的表现予以评分。

第六节　学校在劳动教育实践中的发展创新

一、校园清洁和环保行动

在一个优美、整洁、干净、卫生的生活环境中学习，可以让我们养成良好的卫生习惯，培养劳动观念，增强公德意识，提高文明水准。大家要共同努力，使校园达到"清洁、整齐、文明、有序"的标准。

学校校园清洁的范围一般包括教室、楼道、走廊、图书馆、宿舍、会议室等，这些地方的清洁需要师生共同的努力。保持校园清洁需从细节做起。

（1）公共场所和环境卫生规范

校园的公共场所卫生一般由学校的专职卫生保洁员负责，除此之外，还需要全校师生的共同努力。对于校园公共场所的卫生,可以按照以下规范去做。

① 楼道、楼梯,做到地面清洁,无痰迹、无垃圾、无污水。

② 洗手间、厕所,做到地面清洁,无积污水;墙面干净;上下水畅通、无跑冒滴漏;水池内外干净,无污物;大小便池干净,无便迹、无异味。

③ 公共门窗玻璃、窗台窗框,做到干净、完好、无积尘。

④ 楼内墙壁顶棚,做到无积尘、无蛛网。

⑤ 爱护公物,节约水电,所用卫生工具等要妥善保管、谨慎使用,尽可能修旧利废。

⑥ 垃圾要倒入垃圾桶(箱)内,不能随处乱倒,杜绝焚烧垃圾、树叶等污染环境现象发生。

⑦ 爱护环卫设施,养成良好的卫生习惯,不在各种建筑物、各种设施及树木上刻画、张贴。

(2) 个人卫生和宿舍内务卫生规范

保持好个人卫生有利于形成良好的个人生活习惯。宿舍是学生每天生活的场所,良好的宿舍卫生有利于学生的身心健康。因此,在保持好个人卫生的同时,也要和舍友一起维护好宿舍卫生,具体规范如下。

① 养成良好的个人卫生习惯,要勤洗澡、勤洗衣,个人床铺整洁、卫生。

② 不随地吐痰,不乱扔废纸、白色垃圾、果皮等,不向窗外倒水和乱扔杂物。

③ 宿舍的地面、墙壁、门窗整洁干净,保证无灰尘、痰迹、蛛网等。

④ 室内空气新鲜,无异味,无蚊蝇、蟑螂。

⑤ 床、桌、凳、书架等家具摆放整齐、干净。

⑥ 灯具、墙壁、顶棚、暖气设备无尘土,无蛛网。

(3) 文明就餐

高校学生的一日三餐离不开食堂,食堂是大家生活的重要组成部分,营造清洁舒适的就餐环境,不仅关系着高校学生的生活,而且直接体现了高校学生的整体形象。文明用餐是个人素质的体现,要从自身做起,从点滴做起,从身边做起,共同营造一个良好的就餐环境。对于文明就餐,要做到以下几点。

① 爱惜粮食,杜绝浪费。节约粮食是尊重他人劳动的表现,也是每个人高尚人格的体现。

② 保持良好的就餐秩序,排队就餐,讲文明、讲礼貌、守公德,言语文明、举止得体。

③ 自觉回收餐具。吃完饭后就把餐具和杂物带到餐具回收处,既减轻了餐厅人员的工作任务,又方便了其他同学。

④ 不要随地吐痰、乱扔餐巾纸和食物残渣，注意自己的仪表、穿着和行为。

⑤ 爱护餐厅的设施，不蹬踏桌凳，不乱涂，不乱刻，不损坏电器照明等设备，维护公共卫生安全。

⑥ 尊重餐厅工作人员，不侮辱甚至谩骂工作人员，发现问题，不吵不闹，逐级反映，妥善解决。

(4) 室内保洁的基本操作流程

① 进行检查处理。进入室内，先查看是否有异常现象、有无损坏的物品。如发现异常，应先向学校有关部门或老师报告后再进行保洁作业。

② 进行推尘处理。推尘要按照先里后外、先上后下、先窗后门、先桌面后地面的顺序，先清扫天花板、墙角上的蜘蛛网和灰尘，接着抹窗户玻璃门面的灰尘，实验器材等设备挪动后要原位摆好。

③ 进行擦抹处理。擦抹应从门口开始，由左至右或由右至左，依次擦抹室内桌椅、柜子、讲台和墙壁等。抹布应拧干，擦拭每一件物品时，应由高到低、先里后外。擦墙壁时，重点擦拭门窗、窗台等。操作时，先将湿润的涂水器毛头（干净的）装在伸缩杆顶部，沿顶部平行湿润玻璃，然后以垂直上落法湿润其他部分的玻璃。再用干净的抹布擦干净窗框及窗台，最后用干燥无毛的棉布擦干净玻璃四周和中间的水珠。大幅墙面、天花板等的清洁为定期清除（如每周清洁一次）。

④ 进行整理归置。讲台、桌面、实验台上的主要用品，如粉笔盒、粉笔擦、实验器具等抹净后按照原位摆放整齐。

⑤ 垃圾清倒处理。按照垃圾分类方法收集垃圾，并清倒室内的垃圾桶，及时更换垃圾袋。

⑥ 清洁结束后的处理。参与保洁的人员退至门口，环视室内，确认清扫质量，然后关窗、关电、锁门。

(5) 休闲空间和走廊保洁的基本操作流程

① 进行检查处理。进入各种休闲空间后，先查看是否有异常现象、有无已损坏的物品。如发现异常，应先向有关部门或老师报告后再进行保洁作业。

② 进行清扫处理。先用扫把对地面进行清洁，扫去纸屑、灰尘等。

③ 进行擦抹处理。从门口开始，由左至右或由右至左，依次擦抹室内桌椅、柜子、讲台和墙壁等。抹布应拧干，擦抹每一件物品时，应由高到低，先里后外。擦墙壁时，重点擦拭门窗、窗台等。操作时，先将湿润的涂水器毛头（干净的）装在伸缩杆顶部，沿顶部平行湿润玻璃，然后以垂直上落法湿润其他部分的玻璃。再用干净的抹布擦干净窗框及窗台，最后用干燥无毛的棉布擦干净玻璃四周和中间的水珠。大幅墙面、天花板等的清洁为定期清除（如每周清理一次）。

④ 进行整理归置。桌椅、柜子等抹净后，按照原位摆放整齐。

⑤ 垃圾清倒处理。按照垃圾分类方法收集垃圾，及时更换垃圾袋。

⑥ 进行推尘处理。用拖把清洁地面，按照先里后外，先边角、桌下，后地面进行推尘作业。清洁结束后把桌椅、柜子等设备恢复原位摆好。

(6) 公共卫生间保洁的基本操作流程

① 天花板的清理。用长柄扫把清扫天花板、墙面、墙角等处的蜘蛛网和灰尘。

② 门窗玻璃面及墙面的清理。用干湿抹布清洁玻璃、镜面和墙面上的污迹。

③ 蹲便池和小便池的清理。先用夹子夹出大、小便器里的杂物，然后冲水，再倒入洁厕剂泡一会儿。蹲便池、小便池内四周表面及外部表面均要清洗，检查冲水是否正常，有没有堵塞。

④ 洗手盆的清理。用清洁剂和百洁布擦洗洗手盆。从左到右抹干净台面，用不掉毛的毛巾从上到下擦拭干净镜子，水龙头也要清洗干净、保持光亮。

⑤ 更换垃圾袋。按照垃圾分类方法收集垃圾并及时更换垃圾袋。

(7) 机动车道和人行路保洁的基本操作流程

主要清洁内容：清扫各种垃圾、树叶；清捡树枝和废弃物；清拔路沿石缝杂草；清除人行道边上绿化带的树叶杂草；清扫人行道和道路上的灰尘等。

① 首先进行分组，然后分路段、分区域明确清扫范围，合理安排清理垃圾、树叶等任务。

② 每天采取分时段收集沿路垃圾，做到定时清扫、及时堆放、及时运送，做到不慢收、漏收。

③ 参与保洁的学生利用竹扫把，对校园道路进行全面清扫，要做到"六不"和"三净"。"六不"即不花扫、漏扫；不见积水（无法排除的积水除外）；不见树叶、纸屑等；不漏收堆；不乱倒垃圾；不随便焚烧垃圾。"三净"为路面干净、路尾干净、人行道干净。

④ 进行路面清扫保洁时，垃圾收集应及时且严禁将垃圾倒在道路两侧绿化带里或随便乱倒，严禁焚烧垃圾。

⑤ 校园路面清扫保洁要做到：晴天与雨天一个样；主干道与人行道一个样；检查与不检查一个样。

(8) 广场、操场、台阶、水沟等保洁的基本操作流程

主要清洁内容：清扫各种类垃圾、树叶；清除各种杂草、树枝；清扫或者清洗灰尘；清理明水沟内各种垃圾和杂草。

① 对广场、操场、停车场、台阶和楼房周边的水沟进行检查，先用扫把或垃圾夹清理面上的垃圾、树枝、树叶等。

② 对广场、操场、台阶周边的杂草进行清除。

③ 用小扫把对广场、操场、停车场、台阶地面进行清尘处理。
④ 清理垃圾，运送到学校的垃圾中转站。
⑤ 不能把垃圾和树叶倒在道路两边的绿化带，更不能就地焚烧。

备注：清扫要有次序，如清扫操场应该先洒水再扫地，有风的时候应该顺风扫，楼梯应该从上往下扫。

二、环境美化

1. 绿色校园的卫生维护和能源节约

《全国环境宣传教育行动纲要》在1996年首次提出了"绿色校园"概念。它将环保意识和行动贯穿于学校的管理、教育、教学和建设的整体性活动中，引导教师、学生关注环境问题，让青少年在受教育、学知识、长身体的同时，树立热爱大自然、保护地球家园的高尚情操和对环境负责任的精神；掌握基本的环境科学知识，懂得人与自然要和谐相处的基本理念；学会如何从自己开始，从身边的小事做起，积极参与保护环境的行动，在头脑中孕育可持续发展思想；让学校里所有的师生从关心学校环境到关心周围、关心社会、关心国家、关心世界，并在教育和学习中学会创新和积极实践。它不仅成为我国学校实施素质教育的重要载体，而且逐渐成为新形势下环境教育的一种有效方式。

"空气清新，环境整洁，楼房林立，绿树环抱"，这种良好的校园环境是实现环境育人的关键。优美整洁的学习生活环境的创造，需要通过师生多方面的共同努力。所以要不断增强师生对校园环境的保护意识，树立"校园是我家，卫生靠大家"的思想意识，同时加强各项卫生制度的落实，做好平时卫生保持工作，促进大家自觉维护校园环境卫生，爱护校园公共设施，能自觉做到不乱扔、乱倒、乱吐、乱画、乱张贴。营造人人爱绿化、讲卫生，人人爱校园的良好氛围，创造宜人环境，创建一个卫生、绿色的校园需要我们每个人从身边的小事做起。

2. 精神美化

环境美化既包括物质的美化，例如，校园建筑的设计、绿植的栽培等，也包括精神的美化，即通过文化的建设来美化校园环境。以下主要介绍宿舍文化和班级文化。

（1）宿舍文化

宿舍文化是指依附于宿舍这个载体来反映和传播的各种文化现象的总和。它既包括校园中的物质文化、制度文化，也包括师生的价值观念、群体心态、校园舆论等。它以宿舍成员共同的价值观为核心，由涉及宿舍生活的各方面的价值准则、群体意识、行为规范、公共行为和学习生活习惯所组成，是由宿舍成员共同建立和长期形成的、潜移默化的氛围和影响力。

宿舍文化是在宿舍这一特定的环境里，宿舍全体成员依据宿舍的客观条件，在从事各种可能的活动中所形成的物质环境和文化氛围。它包括宿舍的室内设施、整体布局、卫生状况、规章制度、宿舍成员的人际关系、道德水准、学识智能、审美情趣、价值取向、行为方式等。

① 保持宿舍卫生干净整洁。干净整洁的宿舍会给我们创造一个良好的生活环境，有利于我们的身心健康。每位同学都要把宿舍当成自己家，在宿舍不乱扔垃圾，认真做好值日，保持个人卫生，不给他人带来麻烦。

② 共同打造宿舍文化。宿舍成员共同设计宿舍名字、宿舍舍徽，根据各自宿舍的特点布置宿舍，对宿舍进行美化，让宿舍成为温馨的家园。

(2) 班级文化

班级文化是"班级群体文化"的简称。班级文化是作为社会群体的班级所有或部分成员共有的信念、价值观、态度的复合体。班级成员的言行倾向、班级人际环境、班级风气等为其主体标识，班级的墙报、黑板报、活动角及教室内外环境布置等则为其物化反映，班级文化可分为"硬文化"和"软文化"。所谓硬文化，是一种显性文化，是可以摸得着、看得见的环境文化，也就是物质文化。比如，教室墙壁上的名言警句，英雄人物或世界名人的画像；摆成马蹄形、矩形、椭圆形的桌椅；展示我们书画艺术的书画长廊；激发我们探索未知世界的科普长廊；表露爱心的"小小地球村"；悬挂在教室前面的班训、班风等醒目图案和标语等。而软文化，则是一种隐性文化，包括制度文化、观念文化和行为文化。制度文化包括：各种班级规约，它构成一个制度化的法治文化环境；观念文化，它是关于班级、社会、人生、世界、价值的种种观念，这些观念弥漫在班级的各个角落，潜移默化地影响着我们；行为文化，它是因制度和观念等引发出来的，是从我们身上表现出来的言谈举止和精神面貌。

① 硬文化建设。苏霍姆林斯基曾经说过，要使教室的每一面墙壁都具有教育的作用。可见，对于教育而言，一切都可以成为它有利的素材，有效地运用空间资源，创设具有教育性、开放性、生动性且安全性的硬文化环境，对于陶冶我们的情操、激活我们的思维、融合师生的情感有着积极的作用。对班级硬文化环境建设的法则是：力求朴素、大方，适合学生，突出班级特点。

要注重教室的卫生。干净的教室不是打扫出来的，而是保持出来的。要主动捡起地上的纸屑，把课桌椅摆放整齐，小黑板、扫帚、水桶整理齐等。每个人都需树立主人翁意识——教室就是我的家。

要重视教室的布置。两侧的墙壁可以贴一些字画、人物等（由学生自己选出）；可以把教室的四角安排成自然角、科技角、书法角等；后面的黑板报应经常更换，由学生自己排版、策划；教室前面黑板的上方可以挑选一句整个班级的座右铭。教室的布置不能乱，应使各个部分都和谐统一起来。

② 软文化建设。建设好班级硬文化环境，只是给这个班级做了一件好看的外衣，班级真正的精神体现还要看班级软文化环境的建设。班级软文化环境是班级文化环境的核心，是最能体现班级个性的。班级整体形象的优劣最终将取决于班级软文化环境是否健康。在班级软文化的建设中，首先可以考虑设计班歌、班徽、班旗等。班级的特色标志，可以使学生增强对班级的认同感和自豪感。其次是班风的建设。这是班级软文化环境建设的重头戏，也是整个文化环境建设的核心部分。良好的班风是无声的命令，是不成规章的准则，它能使学生自觉地约束自己的思想言行，抵制和排除不符合班级利益的各种行为。班风的激励作用，还能使班级中的每个人精神振作、身心愉悦，人与人之间紧密团结、高度信任，人际关系和谐，班集体由此焕发出无穷的力量和生机。

三、垃圾分类

垃圾分类，一般是指按一定规定或标准将垃圾分类储存、投放和搬运，从而转变成公共资源的一系列活动的总称。垃圾分类的目的是提高垃圾的资源价值和经济价值，力争物尽其用。

1. 垃圾分类的意义

在我国城市和广大农村实行垃圾分类，对改善人们的生活环境、推动绿色生态发展、建设美丽中国有重要意义，而高校推行垃圾分类，对于培养高素质的社会人才，创建文明、和谐、生态、美丽校园等具有十分重要的意义。

(1) 思想革命

实行垃圾分类实际上是一场思想革命与观念转变。由于改革开放和科学技术的进步，以及工农业生产的高速发展，产生了大面积堆放的"垃圾山""垃圾海"。它们难以处理而且会影响人们的生产生活，甚至危及人们的健康与安全。所以，实行垃圾分类是一种新事物、新时尚。但是，因为民众对垃圾分类的认识还不到位，所以要真正实行好垃圾分类，难度很大，是一次思想革命和观念转变。

(2) 减少占地

丢弃的垃圾越多，侵占的土地也越多。垃圾堆放和填埋都会占用大量的土地，每1万吨的垃圾约占地1亩（1亩≈666.67平方米）。目前我国生活垃圾堆放地侵占土地面积高达5亿多平方米，相当于5万公顷耕地，而我国的耕地面积仅为1.3亿公顷，相当于全国万分之四的耕地面积用来堆放垃圾。

(3) 减少污染

我们随手丢弃的垃圾露天堆放时，垃圾中的有机物被微生物分解，释放出大量的氨、硫化物、甲烷等气体,产生恶臭和刺鼻气味;垃圾中的塑料膜、纸屑、粉尘和细小颗粒物会随风飘扬,污染大气。目前我国的垃圾处理多采用卫生填埋甚至简易填埋的方式,占用上万亩土地,并且蝇虫乱飞,污水四溢,臭气熏天,严重污染环境。土壤中的废塑料会导致农作物减产,而且抛弃的废塑料被动物误食导致动物死亡的事故时有发生。因此,垃圾分类回收利用还可以减少污染危害。

(4) 变废为宝

中国每年使用塑料快餐盒达 40 亿个,方便面碗 5 亿~7 亿个,一次性筷子数十亿双,这些占生活垃圾的 8%~15%。1 吨废塑料可回炼 600 千克的柴油;回收 1500 吨废纸,可免于砍伐用于生产 1200 吨纸的林木;1 吨易拉罐熔化后能结成 1 吨品质很好的铝块,可少采 20 吨铝矿。生活垃圾中有 30%~40% 可以回收利用,应珍惜这个小本大利的资源。大家也可以利用易拉罐制作笔盒,既环保,又节约资源。而且,垃圾中的其他物质也能转化为资源。各种固体废弃物混合在一起是垃圾,分选开就是资源。

2. **垃圾分类的背景**

随着社会经济发展和物质消费水平的大幅度提高,我国每年垃圾产生量迅速增长,2018 年仅生活垃圾总量就增至 4 亿多吨,这些垃圾不仅造成了环境的安全隐患,还造成资源浪费,成为人民群众反映强烈的突出问题,成为社会经济持续健康发展的制约因素。实行垃圾分类,关系广大人民群众生活环境,关系节约使用资源,也是社会文明水平的一个重要体现。

3. **垃圾的种类**

从国内外各城市对生活垃圾分类的方法来看,大致都是根据垃圾的成分构成、产生量,结合本地垃圾的资源利用和处理方式来进行分类的。如图 3-1 所示为垃圾分类标志。如图 3-2 所示为垃圾分类目录。

可回收物
Recyclable

厨余垃圾
Kitchen Waste

有害垃圾
Hazardous Waste

其他垃圾
Other Waste

图 3-1 垃圾分类标志

(1) 可回收物

主要包括废纸、塑料、玻璃、金属和布料五大类。

废纸:主要包括报纸、期刊、图书、各种包装纸等。但是,要注意纸巾和厕所

图 3-2 垃圾分类目录

用纸由于水溶性太强不可回收。

塑料：各种塑料袋、塑料泡沫、塑料包装、一次性塑料餐盒餐具、硬塑料、塑料牙刷、塑料杯子、矿泉水瓶等。

玻璃：主要包括各种玻璃瓶、碎玻璃片、镜子、暖瓶等。

金属物：主要包括易拉罐、罐头盒等。

布料：主要包括废弃衣服、桌布、洗脸巾、书包、鞋等。

这些垃圾通过综合处理回收利用，可以减少污染、节省资源。如每回收 1 吨废纸可造好纸 850 千克，节省木材 300 千克，比等量生产减少污染 74%；每回收 1 吨塑料饮料瓶可获得 0.7 吨二级原料；每回收 1 吨废钢铁可炼好钢 0.9 吨，比用矿石冶炼节约成本 47%，减少空气污染 75%，减少 97% 的水污染和固体废物。

(2) **厨余垃圾**

厨余垃圾是有机垃圾的一种，包括剩菜、剩饭、菜叶、果皮、蛋壳、茶渣、骨、贝壳等，泛指家庭生活饮食中所需用的来源生料及成品（熟食）或残留物。厨余垃圾经生物技术就地处理堆肥，每吨可生产 0.6～0.7 吨有机肥料。

(3) **有害垃圾**

有害垃圾指含有对人体健康有害的重金属、有毒的物质、对环境造成现实危害或者潜在危害的废弃物，包括电池、荧光灯管、灯泡、水银温度计、油漆桶、部分家电、过期药品、过期化妆品等。这些垃圾一般单独回收或进行填埋处理。

(4) 其他垃圾

其他垃圾主要包括砖瓦陶瓷、渣土、卫生间废纸、瓷器碎片等难以回收的废弃物，其他垃圾危害较小，但无再次利用价值，是除可回收垃圾、厨余垃圾、有害垃圾之外剩余下来的一种垃圾。一般采取填埋、焚烧、卫生分解等方法，部分还可以使用生物降解。

 案 例

校园垃圾清洁的暑假实践

2023年8月25日上午，安徽工业大学某学院蒲公英社会实践团队开始了为期一周的校园清洁捡拾垃圾的寒假实践活动。该活动在安徽工业大学校区范围内举行，主要内容是团队成员一起打扫校园区域，清除校园垃圾。

校园对于学生来说是第二个家，美丽洁净的校园环境不仅令人心旷神怡，更能为学习氛围增色。可是，路面的小纸片、树林的小纸团，这些细小的垃圾时常被人忽略，因此实践团队决定组织一次清扫校园垃圾的活动，既维护了校园环境的整洁，也用行动告诉学生从自身做起保持校园卫生，绝不让"癫狂空袋随风舞，轻薄纸屑逐人飞"的乱象上演。

蒲公英社会实践团队的成员齐聚于安徽工业大学校区的12学生公寓楼前。团队成员们拿着扫帚、簸箕有序列队，随着带队队长的一声出发命令，实践活动正式开始。

实践团队首先从学生公寓区的主干道开始清扫，沿路清扫到学校操场，在操场附近的餐厅匆匆吃完早饭后，又从操场南侧开始，沿主干路继续清扫。

这些道路陆续清扫完毕后，团队并没有停歇。接下来的一项，是打扫活动的重头戏——操场板块。团队事先将整个校区分成了六大板块，每天打扫和维护一个板块。团队成员到达操场后，立即投入清洁工作中。

经过一天的操场打扫，实践团队发现，操场上的遗留垃圾主要有两种，一种是塑胶跑道上的卫生纸纸团，另一种是跑道旁边、健身仪器附近的烟头。鉴于此，团队成员也提醒大家，天气炎热，但用来擤完鼻涕的纸团要丢进垃圾桶；而对于非在校学生的附近社会人员，在健身后，一定要将烟头捻灭后丢入垃圾桶，杜绝安全隐患。

（资料来源：作者根据网络资料整理）

4. 学校的垃圾分类

垃圾分类是学校创建文明、生态校园的需要。

(1) 分类模式

根据学校实际情况，按照当地所在省市规定的可回收物、厨余垃圾、有害垃圾、其他垃圾四种类别进行生活垃圾分类。校园施工产生的建筑垃圾、绿化垃圾以及实验室危险废弃物垃圾等，按照相关规定进行处置，严禁混入生活垃圾投放。

(2) 分类与收集流程

应当按照规定的时间、地点，用符合要求的垃圾袋或者容器分类投放生活垃圾，不得随意抛弃、倾倒、堆放生活垃圾。

① 学生宿舍垃圾分类收集流程。将宿舍的厨余垃圾滤出水分后装袋投放至室外厨余垃圾桶，不得混入贝壳类、木竹类、废餐具等不利于后期处理的杂质；其他类别垃圾分类装入相应垃圾袋中，并就近投放到室外相对应的分类垃圾桶内。

后勤负责将厨余垃圾桶内的垃圾在规定时间运至固定的垃圾集中装运点，对接市政厨余垃圾收运车清运，其他种类的垃圾由后勤安排车辆分类收集清运。

② 教学楼垃圾分类收集流程。所属各学院自备符合当地标准的垃圾分类桶。所属学院劳动周安排学生清扫，按类分别投放到固定的垃圾桶中。

(3) 校园公共区域及学院垃圾分类收集流程

公共区域按片区划分，由负责日常打扫的学生将垃圾收集并让保洁员将果皮箱中的其他垃圾、可回收物及有害垃圾通过分类收集车进行分类统一收集、运送到固定垃圾堆放点进行分类投放。后勤安排车辆分类清运。分类收集车辆上需张贴相应分类标识。各单位楼栋内垃圾需由保洁人员运送到就近的固定垃圾堆放点进行分类投放，后勤安排车辆分类清运。

四、义务劳动和勤工助学

义务劳动是一种"赠人玫瑰，手有余香"的行为，我们作为当代高校学生，应从身边的小事做起，为他人着想，心存社会公德，真正起到先锋模范作用。

1. 义务劳动概述

(1) 义务劳动概念

义务劳动也称志愿劳动，是指不计定额、不要报酬、自觉自愿地为社会劳动。义务劳动虽然只比"劳动"多了"义务"两字，但蕴含了更大的能量与意义。《中华人民共和国劳动法》第六条首句是："国家提倡劳动者参加社会义务劳动。"《现代汉语词典》对"义务劳动"一词的解释是："自愿参加的无报酬的劳动。"而"社会义务劳动"是指社会公益活动，具体就是有关卫生环境、抢险救灾、帮贫扶弱等群众性福利事业的义务劳动。这种劳动完全建立在劳动者主动性、自觉性的基础上，体现的是劳动者崇高的社会责任感和高尚的品德。它与劳动者在劳动关系范围内的法定劳动义务不同。

（2）义务劳动的意义

义务劳动涉及方方面面，大至国家，小至家庭。实现中华民族伟大复兴的中国梦需要奉献精神；新时代目标任务的实现需要奉献精神；社会和经济发展需要全体人民发扬奉献精神；做一个品德高尚的人需要奉献精神。义务劳动，是一种精神文化的行为表现，它不可能像物质财富那样通过简单的购买和继承的方式来获得，具有不可转让性。

① 提升劳动素质。面对日趋激烈的国际竞争，一个国家发展能否抢占先机、赢得主动，越来越取决于国民素质，特别是广大劳动者素质。素质是立身之基，技能是立业之本。参加义务劳动，可以提高高校学生文明素质和道德水平，培育"民生在勤，勤则不匮"精神和责任意识，引导高校学生树立正确的人生观、价值观和世界观，从而促进其全面发展。义务劳动是一个知行合一的过程。

② 促进个人全面发展。义务劳动能使我们的肌体充满活力，促进我们的身体发育；义务劳动，无论是体力劳动还是脑力劳动，都要做出努力、耗费精力，要取得劳动成果，需要有顽强的意志和毅力，因而可以培养人们的自信心、责任心、情感和意志力等；人们能从义务劳动中培养出尊重劳动、热爱劳动、尊重劳动人民的品质，认识到劳动没有贵贱之分，从而养成劳动光荣、不劳为耻的思想品德；义务劳动有利于培养人们的创造意识和创新精神，人们在义务劳动中既要动手，又要动脑，是一种创造性活动。

总之，义务劳动能促进人们的体力发展和智力发展，培养人们的创新精神和实践能力，培养尊重劳动的意识。

2. 义务劳动的类型和要求

当今时代是创新的时代，新的知识、新的技术不是凭空想出来的，而是在艰苦的劳动中创造出来的。义务劳动创造财富，劳动创造新的思维，义务劳动也促进了人类进步。

培养学生热爱劳动、尊重劳动、劳动光荣的意识十分有必要。

（1）让义务劳动教育成为一种价值召唤

在观念层面，大力提倡义务劳动要凸显综合性与统领性。义务劳动是基于志愿服务、体力劳动与物质生产劳动的实践活动。义务劳动教育不是社会、学校或家庭单方面的事情，而是这三个教育渠道相互配合、密切联系、各司其职的整体性教育。

学校的义务劳动可分为劳动课和校内及校外的适量的义务劳动，如义务家教，义务打扫卫生，义务植树，服务老弱病残人员，协助交警之类的劳动。

(2) 让义务劳动成为一种积极的生存方式

在实践层面，要强化激励性与基础性，让义务劳动成为一种积极的生存方式。义务劳动不是刻意、强制的行为，而是依存于自觉意识、自觉追求的行为。因此，我们应该把义务劳动的理念渗透到生活、学习、工作的各个环节中，使之成为一种生存方式。

(3) 义务劳动是学生德育实践的主要形式之一

学校是培养社会主义建设者和接班人的殿堂。劳动是财富的源泉、幸福的源泉。勤于劳动、善于创造是中华民族的伟大品格。当代大学生应积极参加义务劳动并在实践中提升自己，学校也应大力宣传义务劳动事迹，营造良好的氛围。学校开展义务劳动有利于增强学生的劳动观念、集体主义观念，有利于培养学生爱护公共财产的意识，有利于促进班风、校园文明建设。

3. 勤工助学概述

(1) 勤工助学概念

勤工助学是指学生在学校的组织下利用课余时间，通过劳动取得合法报酬，用于改善学习和生活条件的社会实践活动。在我国，勤工助学是贯彻教育与生产劳动相结合的一种教育经济活动，勤工助学对于推动学生素质教育，构建新的人才培养模式，促进学生成长成才有着重要意义。

(2) 勤工助学的内涵

勤工助学源于"济困"。随着社会进步和对人才需求标准的提升，我国中高职学校和本科院校的勤工助学工作已由"济困"为主的阶段过渡到"济困与成才相结合的"社会实践阶段，越来越多的学生把勤工助学作为主动适应社会、参与社会实践、提升自身综合素质和能力的有效手段。勤工助学的内涵也越来越丰富、充实，完成了从纯粹"经济功能"到"人的全面发展教育功能"的转化。

① 功能上由单纯解困向助困育人发展。如今，随着市场经济的发展和高等教育体制的改革，社会对复合型人才的需求不断扩大，学生价值观念和社会取向也在发生变化，成才意识日渐增强。勤工助学活动作为一项特殊的社会实践活动，其功能、内涵和作用不断得以拓展和延伸，育人功能更加突出。

② 对象上由家庭贫困学生向全体学生发展。随着勤工助学活动的深入发展，学生们对勤工助学活动的多重功能有了更深入的理解，逐渐被学生群体广泛认同。一些非贫困学生从实践锻炼的角度出发，主动加入勤工助学活动。因此，参加勤工助学的学生群体也逐渐由贫困学生和非贫困学生共同组成。

③ 类型上由普通型向专业型发展。学校在开展勤工助学活动的过程中，更加

注重开发学生智力，发挥专业特色和优势，提*高人才培养质量。学生参加勤工助学由主要从事劳务型、服务型、事务型工作岗位逐渐向从事专业型、技术型、管理型工作岗位转变，实现了专业学习、能力培养和经济资助三者的有机统一。

④ 形式上由个体自发向集体组织发展。过去学生参加勤工助学往往呈现自发性、分散性特点，存在一定的安全隐患，合法权益容易受到侵害。目前学校普遍建立了统一的管理和服务机构，制定了详细的管理规定和运行机制，同时注重勤工助学基地建设，积极拓展勤工助学市场，使勤工助学有了更加广阔的发展空间，为学生创造了良好的勤工助学环境。

4. 勤工助学的意义

(1) 勤工助学实现了"济困"的功能

目前学校中很大一部分时间是由学生自由支配的，勤工助学能够让贫困学生在业余时间展示其价值，通过自己的劳动来获取报酬，缓解经济压力。

(2) 勤工助学锻炼了当代学生的意志品格

当下，"90后""00后"高校学生普遍害怕吃苦，缺乏服务精神和团队意识，责任意识不强。因此，勤工助学能够让学生感受到生活的艰辛，懂得什么是责任和担当，明白什么是感恩和奉献，有利于他们树立自信心，形成劳动光荣的观念，有利于他们树立正确的人生观、世界观和价值观。在团队中，他们学会了如何面对激烈的竞争，提高了心理承受能力，培养了危机意识。同时，勤工助学实践中培养的自我约束力、劳动意识和职业道德，都将成为他们以后人生路上的宝贵财富。

(3) 勤工助学提高了学生综合能力和素质

通过勤工助学实践活动，学生的学习能力、社交能力及内省能力都得到了进一步提高。从校内岗位到校外岗位，从懵懂跟从到独立选择，从忐忑上岗到独当一面，学生们的实践能力、创新意识和独立分析问题、解决问题等能力明显提升。学生提前接触社会，了解社会规则，调整自己的预期，改进自身不足，契合社会需求，团队意识、自律能力、心理素质明显提升，社会适应能力显著提高。另外，通过勤工助学，学生的学习能力和专业素质也得到了增强，学生把学到的专业知识很好地运用到实践中去，边学习边实践，不仅可以让自己的专业知识更扎实与稳健，同时可以从专业出发去扩展专业相应的特长，增加个人能力。

(4) 勤工助学增强了学生创新创业能力

勤工助学引导带动学生从课堂到课外、从学校到企业、从学生到职员、从兼职到就业创业，开阔了视野。学生在自己熟悉的领域经过长期实践已趋于理性，从创新的角度重新审视身边的各种资源，寻求资源的更佳配置，谋求更大的发展。学生在勤工助学过程中容易迸发出创新想法和创业激情，结合团队管理、项目运作、人际管理、目标管理等，进入一个融会贯通、将所学所思转化为所想所为的新境界，创新创业能力将大大提升。

(5) 勤工助学促进了学生就业

勤工助学能够不断提升学生的管理组织能力和待人处事能力，使学生的职业素质和职业能力全方位提升，帮助他们储备优质就业和自主创业所需要的身心素质和技能。

5. 勤工助学的岗位要求

(1) 勤工助学实现了劳务型和智力型相结合

要促进勤工助学劳务型和智力型相结合，实现内容的多层次化。结合学生的年级和专业特点，充分发挥学生的知识和技能，开拓智力型勤工岗位；还可以与老师的科研工作相结合，这既有利于老师科研课题的完成，又有利于学生巩固知识，锻炼能力，特别是实验类型的科研项目，更能增加学生的兴趣，培养科研态度和科研能力。实地调研结果表明，目前各高校的勤工助学工作的主要内容是图书馆书籍整理、实验室仪器清洗维护、办公室卫生打扫、宿管科日常值班、教室座椅的摆放等。此外，勤工岗位可以向服务型方向发展，对于不同阶段、不同需求的学生进行协调安排。因为相对智力型的工作而言，基层的服务型工作不仅可以培养学生待人接物的能力，学会人际沟通，还有助于他们更好地了解社会、适应社会，排除在学生中存在的眼高手低的问题，且这类工作一般要求较低，有较大需求量，适合广大困难学生。

(2) 勤工助学岗位设置及要求

校内岗位包括学校各类机构的办公室助理、技术助理、图书馆工作人员、校内会议临时工作人员以及一些学生机构的岗位。校外岗位主要包括展会翻译、员工培训、商场导购等。《高等学校学生勤工助学管理办法》要求勤工助学活动必须坚持"立足校园、服务社会"的原则，勤工助学要达到既向学生提供经济资助，又锻炼学生实践能力的目标。

勤工助学模式由传统型向创业型转变，是高校资助工作的内在要求和必然趋势。创业型勤工助学模式是指学校提供资金、场地支持，专业教师提供指导，通过校企合作，创建以学生为主体，由学生自主经营管理的勤工助学实体。学生既能通过创造性的劳动获取一定的报酬，又能参加专业实习和创业实践活动，提升专业技能和综合实践能力。创业型勤工助学让学生潜移默化地接受创新创业教育，形成"学生主导、教师指导、学生参与"的勤工助学与创业实践相结合的运行模式，推动资助形式的多样化发展，形成"资助-自助-助人"的良性循环，实现高校勤工助学的育人功能。

勤工助学的主要目的是帮助学生顺利完成学习任务，故而在完成勤工助学任务的时间安排上，更倾向于利用学生的课外休息时间。这样的安排基本不会耽误学生在学校的学习生活，不妨碍学生课堂理论知识学习、实践专业技能掌握等方面的技能形成，同时，还能够培养学生的办公能力、人际交往能力和合理规划时间能力。勤工助学的"奖、助、贷、勤、补、减（免）"体系，最大的特点就在于有偿性，主要是学生依靠自己的双手和辛勤的劳动获得相应的报酬。

(3) 勤工助学岗位应聘技巧

勤工助学岗位应聘应该做好充分准备，根据岗位说明书准备佐证材料。递交书面申请后及时询问，确认面试时间。面试中涉及的常见问题：大学期间的学习情况，如专业排名、获得奖学金等；家教、兼职经历；学习紧张程度、空余时间等具体问题。要根据这些基本问题做好充分的准备，对评委的提问尽量回答，对于自己应聘的岗位谈出认知。在着装和文明礼貌方面也要精心准备，增加印象分。在语言表达方面，不要使用口头禅。在自我介绍时尽量让自己有特点。

案例

交大标兵：勤工助学，自己交学费，成绩第一被保研

交大标兵专业成绩第一、连续两年获国家奖学金、获全国大学生数学建模国家一等奖、美国大学生数学建模二等奖。此外，他还是乐于助人的公益之星，是体测成绩"101分"的运动达人。他最骄傲的，是自高考结束通过勤工助学，独立承担了自己所有学费。他就是西安交通大学优秀学生标兵、能动学院学生吴思远。

1. 学优才赡

他说，主修学科是"智"的基础。他15个单科成绩95分以上，90分以上的科目有27个，以能动专业第一的成绩保研至西安交通大学制冷与低温工程系，继续自己的追梦之旅。

2. 英才卓荦

他说，学术竞赛是"智"的提升，科研训练是"智"的实践。在全国大学生数学建模竞赛中，作为队长，他负责从写作、建模到编程的绝大部分工作。寒暑假，他留校培训三个月，共完成七篇建模论文，包括两篇英文论文，最终斩获国家一等奖。

同时，先后获得美国大学生数学建模竞赛二等奖，又在本科生项目设计、横向课题、大学生创新创业项目中大放异彩。

3. 厚德弘毅

他说，付出，即"德"，奉献，即意义。价值不在"德"本身，在于有利于人。

吴思远热爱公益，参与各项公益服务活动，大学三年累计志愿工时超400小时。他参与彭康学导团建设工作两年，完成了高数、线代、概率论的资料编写，累计发放量超2000份；他也是学导团高数答疑志愿者，两年来为同学提供考前答疑，帮助同学提高学业成绩。他说，做公益这件事情，并不是每个人都会认可你，但是你还是要坚持做下去，因为你是去做一件你感觉很有意义的事情，在未来的某一天，你的付出就会得到别人的认可和尊重。

4. 磨炼意志

他说，身体力行，磨炼意志。"劳"亦是苦，"劳"亦是甜，虽难达济天下，但"劳"能独善其身。他坚持跑步三年，总路程超过1000千米。在各个跑步赛场，也总能看到他的身影。

他参与勤工俭学三年，负责校园绿化管理工作，工作总时长超过400小时。他独立自强，每周带三个家教，自高考结束，他就独立承担自己所有学费。

他通过勤工助学，不仅承担了自己高中后的所有学费，而且取得了优异成绩。随着国家体制的改革和素质教育的全面铺开，勤工助学成为高校学生实践活动的重要环节。

（资料来源：作者根据网络资料整理）

五、专业服务和创新劳动

1. 专业服务概述

(1) 专业服务概念

专业服务，是指某个组织或个人，应用某些方面的专业知识，按照客户的需求，为客户在某一领域内提供特殊服务，其知识含量和科技含量都很高。

(2) 专业服务类型

专业服务一般可以分为生产者专业服务和消费者专业服务，具体包括法律服务，会计、审计和簿记服务，税收服务，咨询服务，管理服务，与计算机相关联的服务，生产技术服务，工程设计服务，集中工程服务，风景建筑服务，城市规划服务，旅游机构服务，公共关系服务，广告设计和媒体代理服务，人才猎头服务，市场调查服务，美容美发服务和其他。

根据世界贸易组织的分类，专业服务归纳在职业服务的范畴内，包括法律服务，会计、审计和簿记服务，税收服务，建筑服务，工程服务，集中工程服务，城市规划和风景建筑服务，医疗和牙医服务，兽医服务，助产士、护士、理疗家和护理员提供的服务，其他。

2. 专业服务的特征

① 专业服务由组织或个人应用某些专业知识或者大量的实践经验来为客户提

供某一领域的特殊服务。

② 专业服务是知识和科技含量很高的服务，是少数专业人士提供的特殊服务。专业服务来自组织和组织之间、个体和个体之间的直接接触。专业服务所提供的服务是与消费同时进行的。供方和收方同时在供应和消费中得到新的利益。许多专业服务提供者与专业服务消费者需要在同时同地完成服务交易。

③ 专业服务具有技术化、知识化的特征，使高素质的人士成为国际竞争的核心。专业服务在提供服务方和接受服务方之间都会形成一种委托代理关系。这种委托代理关系以契约或签订服务协议的方式固定下来。因此，专业服务是以契约为纽带提供的服务，对法律的依赖程度相当高。

3. 科技活动

(1) 科技活动概念

科技活动指所有与各科学技术领域（即自然科学、工程和技术学、医学、农业科学、社会科学及人文科学）中科技知识的产生、发展、传播和应用密切相关的系统的活动。它包含两个方面的含义：第一是科学技术活动的性质，即这些活动必须集中于或密切关系到科技知识的产生、发展、传播和应用；第二是所涉及的领域，即这些活动是在自然科学、工程与技术学、医学、农业科学、社会科学及人文科学领域内进行的。

我们要积极参与科技活动，培养自身科技创新精神和创新能力，培养主动学习、不断追求新知识的精神和养成善于独立思考问题、科学思维的习惯，提高勇于实践、勇于创新的能力。

(2) 科技活动分类

科技活动分为三类：研究与试验发展、研究与试验发展成果应用、技术推广与科技服务。

① 研究与试验发展。研究与试验发展指为增加知识的总量（包括人类、文化和社会方面的知识），以及运用这些知识去创造新的应用而进行的系统的、创造性的工作。研究与试验发展的基本要素包含以下四点。

a. 具有创造性。

b. 具有新颖性。

c. 运用科学方法。

d. 产生新的知识或创造新的应用。

只有同时具备这四个条件，才是研究与试验发展。

在上述条件中，创造性和新颖性是研究与试验发展的决定因素，产生新的知识或创造新的应用是创造性的具体体现，运用科学方法则是所有科学技术活动的基本特点。

② 研究与试验发展成果应用。研究与试验发展成果应用指为使试验发展阶段产生的新产品、材料和装置，建立的新工艺、系统和服务及做实质性改进后的上述各项能够投入生产或在实际中运用，解决所存在的技术问题而进行的系统的活动。它不具有创新成分。研究与试验发展成果应用这一分类只用于自然科学、工程和技术学、医学和农业科学领域。其特点主要有以下几点。

a. 为使试验发展的成果用于实际解决有关技术问题。

b. 运用已有知识和技术，不具有创新成分。

c. 成果形式是可供生产和实际使用的带有技术、工艺参数规范的图纸、技术标准、操作规范等。

研究与试验发展成果应用不包括建筑、邮电、线路等方面的常规性设计工作，但包括为达到生产目的而进行的定型设计和试制以及为扩大新产品的生产规模和新工艺、新方法、新技术的应用领域而进行的适应性试验。

③ 技术推广与科技服务。技术推广与科技服务是指与R&D（research and development，科学研究与试验发展）活动相关并有助于科学技术知识的产生、传播和应用的活动，包括为扩大科技成果的适用范围而进行的示范推广工作，为用户提供信息和文献服务的系统性工作，为用户提供可行性报告、技术方案、建议及进行技术论证等的技术咨询工作，自然、生物现象的日常观测、监测，资源的考察和勘探，有关社会、人文、经济现象的通用资料的收集及这些资料的常规分析与整理，对社会和公众的科学普及，为社会和公众提供的测试、标准化、计量、质量控制和专利服务，但不包括企业为进行正常生产而开展的这类活动。

案例

人工智能在日常生活中应用的典型案例

当人们听到有关人工智能（artificial intelligence，AI）的新闻时，多数情况下的第一反应就觉得根本与自己无关，但事实真的如此吗？很多人都将人工智能视为大型科技巨头们才会关注的东西，而且认为不会对自己现在的生活带来影响。可是实际上，人工智能迟早会出现在人们生活的方方面面。以下为当下日常生活中应用人工智能的最佳案例。

1. 使用面部识别码打开手机

现在人们所使用的手机多为智能手机，因此对于这样的智能设备所采取的解锁方式就是生物识别技术，如人脸识别。换言之，每天人们都是在利用人工智能技术来启用该功能。举例来讲，苹果手机的Face ID可以3D显示，它照亮你的脸并在脸上放置30000个不可见的红外点，以此捕获脸部图像信息。然后，它使用机器学习算法将脸部扫描与脸部扫描存储的内容进行比较，以确定试图解锁手机的人是否为本人。苹果公司表示，欺骗Face ID的机会是百万分之一。

2. 社交媒体

人工智能不仅能让人们在订阅源中看到个性化的内容（它基于对人们过去历史的了解判断出哪些类型的帖子最能引起人们的共鸣），还可以找出朋友的建议，识别和过滤虚假新闻，利用机器学习的方式努力防止网络欺凌。

3. 发送电子邮件或消息

当今社会，人们对于消息的传递方式有多种，相对比较正式些的应该是邮件传送。举例来讲，多数人的生活工作中，几乎每天都会需要发送一封电子邮件，而撰写的过程中，多会出现一些错别字，所以这个时候就需要激活诸如语法检查和拼写检查之类的工具，以帮助检查邮件中的书写错误问题。而这些工具需要使用人工智能和自然语言处理。除此之外，对于垃圾邮件的过滤也是应用到人工智能技术。更重要的是，防病毒软件也是使用机器学习功能来保护人们的电子邮件账户。

4. 搜索引擎

当人们遇到不懂的知识点时，最为常用的应该是使用百度等类似的搜索引擎。不过，在这里需要注意的是，若是没有人工智能的帮助，搜索引擎无法扫描整个互联网，也不能提供人们想要的东西。网页中那些实时出现的广告，同样也是由人工智能启动的，只不过这些广告多数是基于人们自己的搜索历史记录而"个性化"推送的，其目的是让人们认为算法能将人们看重的项目放于眼前。

5. 智能导航

人工智能在人们日常生活中的一大应用是旅行辅助工具。百度地图和其他旅行应用程序通过人工智能技术进行交通状况的实时监控，并为人们提供实时天气情况等，从而更好地规划出行路线。

6. 银行业务

如今的银行系统通过多种方式部署了人工智能系统，这些系统为银行交易的安全性和检测欺诈行为提供了帮助。举例说明，若是人们通过手机进行扫描来存入支票，收到余额不足的警报时，就可以登录到个人的网上银行账户进行查询，这里就是AI在幕后起作用。如果人们在午餐时间去商店购物并购买了裤子，人工智能将验证这次购买的交易行为，以确定这是一个正常的交易，以免有未经授权的人使用你的信用卡。

如果没有AI的帮助，很难想象我们的日常生活和工作会变得怎么样。

（资料来源：搜狐网，2019年12月25日）

4. 学校的科技活动

科技活动是科技教育的一种重要形式，是每一个学生都应该体验和经历的学习方式，是打通学科界限，给学生运用所学知识解决问题的最好实践机会，是学生的知识存储方式得以发生变化的最好方式。它面向全体学生，让所有学生都参与科技活动，动手动口又动脑，能够更好地激发和培养学生们的科技创新意识。学校的科技活动主要分为三个层面。

① 国家级的竞赛项目。

② 省、市、县一级的竞赛项目。

③ 学校的科技活动。

学校的科技活动内容丰富、形式多样、具有个性化，可以为我们提供更多展示才能的学校科技活动的场所主要包括课堂和课外活动场所。由于空间的局限性，教室很难为学生创新思维的发展提供足够的创造空间和材料，因此学生要重视学校组织的有目的的科技活动，如"走进科技馆、走进企业、走进高新技术基地"等科技活动，积极进行探索或创造活动。

5. 创新创业劳动

(1) 创新的概述

① 创新。创新是指以现有的思维模式提出有别于常规或常人思路的见解为导向，利用现有的知识和物质，在特定的环境中，本着理想化需要或为满足社会需求，而改进或创造新的事物、方法、元素、路径、环境，并能获得一定有益效果的行为。

② 创新思维。创新思维是指以新颖独创的方法解决问题的思维过程，通过这种思维能突破常规思维的界限，以超常规甚至反常规的方法、视角去思考问题，提出与众不同的解决方案，从而产生新颖的、独到的、有社会意义的思维成果。

(2) 创造和创新创业

① 创造的概念。创造是指将两个或两个以上概念或事物按一定方式联系起来，主观地制造客观上能被人普遍接受的事物，以达到某种目的的行为。简而言之，创造就是把以前没有的事物产生或制作出来。因此，创造的一个最大特点是有意识地对世界进行探索性劳动。

② 创新创业的概念。创新创业是指基于技术创新、产品创新、品牌创新、服务创新、商业模式创新、管理创新、组织创新、市场创新、渠道创新等方面的某一点或几点创新而进行的创业活动。创新是创新创业的特质，创业是创新创业的目标。创新强调的是开拓性与原创性，而创业强调的是通过实际行动获取利益的行为。因此，在创新创业这一概念中，创新是创业的基础和前提，创业是创新的体现和延伸。

③ 常见的创业模式如下。

a. 网络创业，即有效利用现成的网络资源进行创业。网络创业主要有网上开店和网上加盟两种形式。网上开店，是指在网上注册成立网络商店；网上加盟，是指以某个电子商务网站门店的形式经营，利用母体网站的货源和销售渠道。

b. 加盟创业，即分享品牌金矿、经营诀窍、资源支持，采取直营、委托加盟、特许加盟等形式连锁加盟，投资金额根据商品种类、店铺要求、加盟方式、技术设备的不同而不同。

c. 兼职创业，即在工作之余再创业。教师、培训师可选择兼职培训顾问；业务员可兼职代理其他产品销售；设计师可自己开设工作室；编辑、撰稿人可朝媒体、创作方面发展；会计、财务顾问可代理做账、理财；翻译可兼职口译、笔译；律师可兼职法律顾问和开办事务所；策划师可兼职广告、品牌、营销、公关等咨询，还可以选择特许经营加盟等。

d. 内部创业，即在企业的支持下，有创业想法的员工承担企业内部的部分项目或业务，并且和企业共同分享劳动成果。这种创业模式的优势就是创业者无须投资就可获得很广的资源，这种树大好乘凉的优势成为很多创业者所青睐的方式。

e. 团队创业，即具有互补性或者有共同兴趣的成员组成团队进行创业。如今，创业已非纯粹追求个人英雄主义的行为，团队创业成功的概率要远高于个人独自创业。一个由研发、技术、市场融资等各方面组成的优势互补的创业团队，是创业成功的法宝，对高科技创业企业来说更是如此。

f. 大赛创业，即利用各种商业创业大赛，获得资金与平台，如 Yahoo（雅虎）、Netscape（网景）等企业都是从商业竞赛中脱颖而出的。因此创业大赛也被形象地称为创业孵化器。如清华大学王科、邱虹云等组建的视美乐公司，上海交大罗水权、王虎等创建的上海捷鹏等。

g. 概念创业，即凭借创意、点子、想法创业。当然，这些创业概念必须标新立异，至少在打算进入的行业或领域是个创举，只有这样才能抢占市场先机，才能吸引风险投资商的目光。同时，这些超常规的想法还必须具有可操作性，而非天方夜谭。

(3) 创新创业劳动的价值

① 创新精神和创新能力深受现代企业推崇，被赋予极高的价值。创新在现代企业未来的发展中起着至关重要的作用。企业的经营离不开创新，管理也需要创新。好的创意不仅可以使企业起死回生，还会使企业兴旺发达。那些具有创新精神和创新能力的企业，比如华为、腾讯、小米、吉利等，都是通过不断创新，获得了更高的投资利润。

当今的世界已经进入知识经济时代，先进的科学知识成为一个国家经济增长的主要支柱，掌握足够多的先进技术、保持较高的技术水平，才能走在世界发展的前列，才能在竞争中立于不败之地。我们知道，一个人的创新能力不是与生俱来的，而是在后天的不断学习和训练中逐步提高和增强的，因此我们应通过积极参与创新创业劳动培养自己的创新意识和能力。

② 培养创新精神，树立创业意识，激发劳动创造力。创新精神、创业意识是当代学生必须具备的重要个人素质。通过树立实现自我价值的强烈的创新创业意识，用劳动实现人生价值，激发劳动创造力。学生要通过创新思维正确认识自己，培养创业意识来激发自我潜能，提升创业能力，从而创造出劳动价值、个人价值和社会价值。

③ 培养创新创业实践能力和分析解决问题的能力。"大众创业、万众创新"是指导国民进行创新创业、引领时代潮流变革的重要方针，是新时代中国特色社会主义对人才培养的基本要求。2014年9月夏季达沃斯论坛上，李克强总理提出，要在960多万平方千米土地上掀起"大众创业""草根创业"的浪潮，形成"万众创新""人人创新"的新势态。学生在学习期间可积极参加各种创新创业劳动，立足未来岗位，不断地学习新知识、新技能，充分发挥自己的聪明才智，利用掌握的知识在劳动中多做技术革新和创新，增强劳动本领。通过创新创业劳动提高劳动效率，把自己从繁重的体力劳动中解放出来。

附 录

附录一 中共中央 国务院关于全面加强新时代大中小学劳动教育的意见

（2020 年 3 月 20 日）

为构建德智体美劳全面培养的教育体系，现就加强新时代大中小学劳动教育提出如下意见。

一、充分认识新时代培养社会主义建设者和接班人对加强劳动教育的新要求

（一）重大意义。劳动教育是中国特色社会主义教育制度的重要内容，直接决定社会主义建设者和接班人的劳动精神面貌、劳动价值取向和劳动技能水平。长期以来，各地区和学校坚持教育与生产劳动相结合，在实践育人方面取得了一定成效。同时也要看到，近年来一些青少年中出现了不珍惜劳动成果、不想劳动、不会劳动的现象，劳动的独特育人价值在一定程度上被忽视，劳动教育正被淡化、弱化。对此，全党全社会必须高度重视，采取有效措施切实加强劳动教育。

（二）指导思想。以习近平新时代中国特色社会主义思想为指导，全面贯彻党的教育方针，落实全国教育大会精神，坚持立德树人，坚持培育和践行社会主义核心价值观，把劳动教育纳入人才培养全过程，贯通大中小学各学段，贯穿家庭、学校、社会各方面，与德育、智育、体育、美育相融合，紧密结合经济社会发展变化和学生生活实际，积极探索具有中国特色的劳动教育模式，创新体制机制，注重教

育实效，实现知行合一，促进学生形成正确的世界观、人生观、价值观。

（三）基本原则

——把握育人导向。坚持党的领导，围绕培养担当民族复兴大任的时代新人，着力提升学生综合素质，促进学生全面发展、健康成长。把准劳动教育价值取向，引导学生树立正确的劳动观，崇尚劳动、尊重劳动，增强对劳动人民的感情，报效国家，奉献社会。

——遵循教育规律。符合学生年龄特点，以体力劳动为主，注意手脑并用、安全适度，强化实践体验，让学生亲历劳动过程，提升育人实效性。

——体现时代特征。适应科技发展和产业变革，针对劳动新形态，注重新兴技术支撑和社会服务新变化。深化产教融合，改进劳动教育方式。强化诚实合法劳动意识，培养科学精神，提高创造性劳动能力。

——强化综合实施。加强政府统筹，拓宽劳动教育途径，整合家庭、学校、社会各方面力量。家庭劳动教育要日常化，学校劳动教育要规范化，社会劳动教育要多样化，形成协同育人格局。

——坚持因地制宜。根据各地区和学校实际，结合当地在自然、经济、文化等方面条件，充分挖掘行业企业、职业院校等可利用资源，宜工则工、宜农则农，采取多种方式开展劳动教育，避免"一刀切"。

二、全面构建体现时代特征的劳动教育体系

（四）把握劳动教育基本内涵。劳动教育是国民教育体系的重要内容，是学生成长的必要途径，具有树德、增智、强体、育美的综合育人价值。实施劳动教育重点是在系统的文化知识学习之外，有目的、有计划地组织学生参加日常生活劳动、生产劳动和服务性劳动，让学生动手实践、出力流汗，接受锻炼、磨炼意志，培养学生正确劳动价值观和良好劳动品质。

（五）明确劳动教育总体目标。通过劳动教育，使学生能够理解和形成马克思主义劳动观，牢固树立劳动最光荣、劳动最崇高、劳动最伟大、劳动最美丽的观念；体会劳动创造美好生活，体认劳动不分贵贱，热爱劳动，尊重普通劳动者，培养勤俭、奋斗、创新、奉献的劳动精神；具备满足生存发展需要的基本劳动能力，形成良好劳动习惯。

（六）设置劳动教育课程。整体优化学校课程设置，将劳动教育纳入中小学国家课程方案和职业院校、普通高等学校人才培养方案，形成具有综合性、实践性、开放性、针对性的劳动教育课程体系。

根据各学段特点，在大中小学设立劳动教育必修课程，系统加强劳动教育。中小学劳动教育课每周不少于1课时，学校要对学生每天课外校外劳动时间作出规

定。职业院校以实习实训课为主要载体开展劳动教育,其中劳动精神、劳模精神、工匠精神专题教育不少于16学时。普通高等学校要明确劳动教育主要依托课程,其中本科阶段不少于32学时。除劳动教育必修课程外,其他课程结合学科、专业特点,有机融入劳动教育内容。大中小学每学年设立劳动周,可在学年内或寒暑假自主安排,以集体劳动为主。高等学校也可安排劳动月,集中落实各学年劳动周要求。

根据需要编写劳动实践指导手册,明确教学目标、活动设计、工具使用、考核评价、安全保护等劳动教育要求。

(七)确定劳动教育内容要求。根据教育目标,针对不同学段、类型学生特点,以日常生活劳动、生产劳动和服务性劳动为主要内容开展劳动教育。结合产业新业态、劳动新形态,注重选择新型服务性劳动的内容。

小学低年级要注重围绕劳动意识的启蒙,让学生学习日常生活自理,感知劳动乐趣,知道人人都要劳动。小学中高年级要注重围绕卫生、劳动习惯养成,让学生做好个人清洁卫生,主动分担家务,适当参加校内外公益劳动,学会与他人合作劳动,体会到劳动光荣。初中要注重围绕增加劳动知识、技能,加强家政学习,开展社区服务,适当参加生产劳动,使学生初步养成认真负责、吃苦耐劳的品质和职业意识。普通高中要注重围绕丰富职业体验,开展服务性劳动、参加生产劳动,使学生熟练掌握一定劳动技能,理解劳动创造价值,具有劳动自立意识和主动服务他人、服务社会的情怀。中等职业学校重点是结合专业人才培养,增强学生职业荣誉感,提高职业技能水平,培育学生精益求精的工匠精神和爱岗敬业的劳动态度。高等学校要注重围绕创新创业,结合学科和专业积极开展实习实训、专业服务、社会实践、勤工助学等,重视新知识、新技术、新工艺、新方法应用,创造性地解决实际问题,使学生增强诚实劳动意识,积累职业经验,提升就业创业能力,树立正确择业观,具有到艰苦地区和行业工作的奋斗精神,懂得空谈误国、实干兴邦的深刻道理;注重培育公共服务意识,使学生具有面对重大疫情、灾害等危机主动作为的奉献精神。

(八)健全劳动素养评价制度。将劳动素养纳入学生综合素质评价体系,制定评价标准,建立激励机制,组织开展劳动技能和劳动成果展示、劳动竞赛等活动,全面客观记录课内外劳动过程和结果,加强实际劳动技能和价值体认情况的考核。建立公示、审核制度,确保记录真实可靠。把劳动素养评价结果作为衡量学生全面发展情况的重要内容,作为评优评先的重要参考和毕业依据,作为高一级学校录取的重要参考或依据。

三、广泛开展劳动教育实践活动

(九)家庭要发挥在劳动教育中的基础作用。注重抓住衣食住行等日常生活中的劳动实践机会，鼓励孩子自觉参与、自己动手，随时随地、坚持不懈进行劳动，掌握洗衣做饭等必要的家务劳动技能，每年有针对性地学会1~2项生活技能。鼓励学校（家委会）和社区等组织开展学生生活技能展示活动。学生参加家务劳动和掌握生活技能的情况要按年度记入学生综合素质档案。鼓励孩子利用节假日参加各种社会劳动。家庭要树立崇尚劳动的良好家风，家长要通过日常生活的言传身教、潜移默化，让孩子养成从小爱劳动的好习惯。

（十）学校要发挥在劳动教育中的主导作用。学校要切实承担劳动教育主体责任，明确实施机构和人员，开齐开足劳动教育课程，不得挤占、挪用劳动实践时间。明确学校劳动教育要求，着重引导学生形成马克思主义劳动观，系统学习掌握必要的劳动技能。根据学生身体发育情况，科学设计课内外劳动项目，采取灵活多样形式，激发学生劳动的内在需求和动力。统筹安排课内外时间，可采用集中与分散相结合的方式。组织实施好劳动周，小学低中年级以校园劳动为主，小学高年级和中学可适当走向社会、参与集中劳动，高等学校要组织学生走向社会、以校外劳动锻炼为主。

（十一）社会要发挥在劳动教育中的支持作用。充分利用社会各方面资源，为劳动教育提供必要保障。各级政府部门要积极协调和引导企业公司、工厂农场等组织履行社会责任，开放实践场所，支持学校组织学生参加力所能及的生产劳动、参与新型服务性劳动，使学生与普通劳动者一起经历劳动过程。鼓励高新企业为学生体验现代科技条件下劳动实践新形态、新方式提供支持。工会、共青团、妇联等群团组织以及各类公益基金会、社会福利组织要组织动员相关力量、搭建活动平台，共同支持学生深入城乡社区、福利院和公共场所等参加志愿服务，开展公益劳动，参与社区治理。

四、着力提升劳动教育支撑保障能力

（十二）多渠道拓展实践场所。大力拓展实践场所，满足各级各类学校多样化劳动实践需求。充分利用现有综合实践基地、青少年校外活动场所、职业院校和普通高等学校劳动实践场所，建立健全开放共享机制。农村地区可安排相应土地、山林、草场等作为学农实践基地，城镇地区可确认一批企事业单位和社会机构，作为学生参加生产劳动、服务性劳动的实践场所。建立以县为主、政府统筹规划配置中小学（含中等职业学校）劳动教育资源的机制。进一步完善学校建设标准，学校逐步建好配齐劳动实践教室、实训基地。高等学校要充分发挥自身专业优势和服务社会功能，建立相对稳定的实习和劳动实践基地。

（十三）多举措加强人才队伍建设。采取多种措施，建立专兼职相结合的劳动教育师资队伍。根据学校劳动教育需要，为学校配备必要的专任教师。高等学校要加强劳动教育师资培养，有条件的师范院校开设劳动教育相关专业。设立劳模工作室、技能大师工作室、荣誉教师岗位等，聘请相关行业专业人士担任劳动实践指导教师。把劳动教育纳入教师培训内容，开展全员培训，强化每位教师的劳动意识、劳动观念，提升实施劳动教育的自觉性，对承担劳动教育课程的教师进行专项培训，提高劳动教育专业化水平。建立健全劳动教育教师工作考核体系，分类完善评价标准。

（十四）健全经费投入机制。各地区要统筹中央补助资金和自有财力，多种形式筹措资金，加快建设校内劳动教育场所和校外劳动教育实践基地，加强学校劳动教育设施标准化建设，建立学校劳动教育器材、耗材补充机制。学校可按照规定统筹安排公用经费等资金开展劳动教育。可采取政府购买服务方式，吸引社会力量提供劳动教育服务。

（十五）多方面强化安全保障。各地区要建立政府负责、社会协同、有关部门共同参与的安全管控机制。建立政府、学校、家庭、社会共同参与的劳动教育风险分散机制，鼓励购买劳动教育相关保险，保障劳动教育正常开展。各学校要加强对师生的劳动安全教育，强化劳动风险意识，建立健全安全教育与管理并重的劳动安全保障体系。科学评估劳动实践活动的安全风险，认真排查、清除学生劳动实践中的各种隐患特别是辐射、疾病传染等，在场所设施选择、材料选用、工具设备和防护用品使用、活动流程等方面制定安全、科学的操作规范，强化对劳动过程每个岗位的管理，明确各方责任，防患于未然。制定劳动实践活动风险防控预案，完善应急与事故处理机制。

五、切实加强劳动教育的组织实施

（十六）加强组织领导。在党委统一领导下，各级政府要把劳动教育摆上重要议事日程，出台相关政策措施，切实解决劳动教育实施过程中的重大问题，做好督促落实。省级政府要加强劳动教育工作的统筹协调，明确市地级、县级政府及有关部门加强劳动教育的职责，推动建立全面实施劳动教育的长效机制。

（十七）强化督导检查。把劳动教育纳入教育督导体系，完善督导办法。对地方各级政府和有关部门保障劳动教育情况以及学校组织实施劳动教育情况进行督导，督导结果向社会公开，同时作为衡量区域教育质量和水平的重要指标，作为对被督导部门和学校及其主要负责人考核奖惩的依据。开展劳动教育质量监测，强化反馈和指导。

（十八）加强宣传引导。引导家长树立正确劳动观念，支持配合学校开展劳动教育。加强劳动教育科学研究，宣传推广劳动教育典型经验。积极宣传企事业单位和社会机构提供劳动教育服务的先进事迹。注重挖掘在抗疫救灾等重大事件中涌现出来的典型人物和事迹，大力宣传不畏艰难、百折不挠、敢于担当的高尚品格。鼓励和支持创作更多以歌颂普通劳动者为主题的优秀作品，大力宣传辛勤劳动、诚实劳动、创造性劳动的典型人物和事迹，弘扬劳动光荣、创造伟大的主旋律，旗帜鲜明地反对一切不劳而获、贪图享乐、崇尚暴富的错误观念，营造全社会关心和支持劳动教育的良好氛围。

附录二　大中小学劳动教育指导纲要（试行）

为深入贯彻习近平总书记关于教育的重要论述，全面贯彻党的教育方针，落实《中共中央 国务院关于全面加强新时代大中小学劳动教育的意见》，加快构建德智体美劳全面培养的教育体系，制定本指导纲要。

一、劳动教育性质和基本理念

（一）劳动教育性质

劳动是创造物质财富和精神财富的过程，是人类特有的基本社会实践活动。劳动教育是发挥劳动的育人功能，对学生进行热爱劳动、热爱劳动人民的教育活动。当前实施劳动教育的重点是在系统的文化知识学习之外，有目的、有计划地组织学生参加日常生活劳动、生产劳动和服务性劳动，让学生动手实践、出力流汗，接受锻炼、磨炼意志，培养学生正确劳动价值观和良好劳动品质。

劳动教育是新时代党对教育的新要求，是中国特色社会主义教育制度的重要内容，是全面发展教育体系的重要组成部分，是大中小学必须开展的教育活动。它具有鲜明的思想性，必须将马克思主义劳动观贯彻始终，强调劳动是一切财富、价值的源泉，劳动者是国家的主人，一切劳动和劳动者都应该得到鼓励和尊重；倡导通过诚实劳动创造美好生活、实现人生梦想，反对一切不劳而获、崇尚暴富、贪图享乐的错误思想。具有突出的社会性，必须加强学校教育与社会生活、生产实践的直接联系，发挥劳动在个人与社会之间的纽带作用，引导学生认识社会，增强社会责任感；同时注重让学生学会分工合作，体会社会主义社会平等、和谐的新型劳动关系。具有显著的实践性，必须面向真实的生活世界和职业世界，引导学生以动手实践为主要方式，在认识世界的基础上，获得有积极意义的价值体验，学会建设世界、塑造自己，实现树德、增智、强体、育美的目的。

（二）劳动教育基本理念

1. 强化劳动观念，弘扬劳动精神。将劳动观念和劳动精神教育贯穿人才培养全过程，贯穿家庭、学校、社会各方面。注重让学生在学习和掌握基本劳动知识技能的过程中，领悟劳动的意义价值，形成勤俭、奋斗、创新、奉献的劳动精神。

2. 强调身心参与，注重手脑并用。把握劳动教育的根本特征，让学生面对真实的个人生活、生产和社会性服务任务情境，亲历实际的劳动过程，善于观察思考，注重运用所学知识解决实际问题，提高劳动质量和效率。

3. 继承优良传统，彰显时代特征。在充分发挥传统劳动、传统工艺项目育人功能的同时，紧跟科技发展和产业变革，准确把握新时代劳动工具、劳动技术、劳动形态的新变化，创新劳动教育内容、途径、方式，增强劳动教育的时代性。

4. 发挥主体作用，激发创新创造。关注学生劳动过程中的体验和感悟，引导学生感受劳动的艰辛和收获的快乐，增强获得感、成就感、荣誉感。鼓励学生在学习和借鉴他人丰富经验、技艺的基础上，尝试新方法、探索新技术，打破僵化思维方式，推陈出新。

二、劳动教育目标和内容

（一）总体目标

准确把握社会主义建设者和接班人的劳动精神面貌、劳动价值取向和劳动技能水平的培养要求，全面提高学生劳动素养，使学生：

树立正确的劳动观念。正确理解劳动是人类发展和社会进步的根本力量，认识劳动创造人、劳动创造价值、创造财富、创造美好生活的道理，尊重劳动，尊重普通劳动者，牢固树立劳动最光荣、劳动最崇高、劳动最伟大、劳动最美丽的思想观念。

具有必备的劳动能力。掌握基本的劳动知识和技能，正确使用常见劳动工具，增强体力、智力和创造力，具备完成一定劳动任务所需要的设计、操作能力及团队合作能力。

培育积极的劳动精神。领会"幸福是奋斗出来的"内涵与意义，继承中华民族勤俭节约、敬业奉献的优良传统，弘扬开拓创新、砥砺奋进的时代精神。

养成良好的劳动习惯和品质。能够自觉自愿、认真负责、安全规范、坚持不懈地参与劳动，形成诚实守信、吃苦耐劳的品质。珍惜劳动成果，养成良好的消费习惯，杜绝浪费。

（二）主要内容

主要包括日常生活劳动、生产劳动和服务性劳动中的知识、技能与价值观。日常生活劳动教育立足个人生活事务处理，结合开展新时代校园爱国卫生运动，注重生活能力和良好卫生习惯培养，树立自立自强意识。生产劳动教育要让学生在工农业生产过程中直接经历物质财富的创造过程，体验从简单劳动、原始劳动向复杂劳动、创造性劳动的发展过程，学会使用工具，掌握相关技术，感受劳动创造价值，增强产品质量意识，体会平凡劳动中的伟大。服务性劳动教育让学生利用知识、技能等为他人和社会提供服务，在服务性岗位上见习实习，树立服务意识，实践服务技能；在公益劳动、志愿服务中强化社会责任感。

（三）学段要求

1. 小学

低年级：以个人生活起居为主要内容，开展劳动教育，注重培养劳动意识和劳动安全意识，使学生懂得人人都要劳动，感知劳动乐趣，爱惜劳动成果。指导学生：（1）完成个人物品整理、清洗，进行简单的家庭清扫和垃圾分类等，树立自己的事情自己做的意识，提高生活自理能力；（2）参与适当的班级集体劳动，主动维护教室内外环境卫生等，培养集体荣誉感；（3）进行简单手工制作，照顾身边的动植物，关爱生命，热爱自然。

中高年级：以校园劳动和家庭劳动为主要内容开展劳动教育，体会劳动光荣，尊重普通劳动者，初步养成热爱劳动、热爱生活的态度。指导学生：（1）参与家居清洁、收纳整理、制作简单的家常餐等，每年学会1～2项生活技能，增强生活自理能力和勤俭节约意识，培养家庭责任感；（2）参加校园卫生保洁、垃圾分类处理、绿化美化等，适当参加社区环保、公共卫生等力所能及的公益劳动，增强公共服务意识；（3）初步体验种植、养殖、手工制作等简单的生产劳动，初步学会与他人合作劳动，懂得生活用品、食品来之不易，珍惜劳动成果。

2. 初中

兼顾家政学习、校内外生产劳动、服务性劳动，安排劳动教育内容，开展职业启蒙教育，体会劳动创造美好生活，养成认真负责、吃苦耐劳的劳动品质和安全意识，增强公共服务意识和担当精神。让学生：（1）承担一定的家庭日常清洁、烹饪、家居美化等劳动，进一步培养生活自理能力和习惯，增强家庭责任意识；（2）定期开展校园包干区域保洁和美化，以及助残、敬老、扶弱等服务性劳动，初步形成对学校、社区负责任的态度和社会公德意识；（3）适当体验包括金工、木工、电工、陶艺、布艺等项目在内的劳动及传统工艺制作过程，尝试家用器具、家具、电器的简单修理，参与种植、养殖等生产活动，学习相关技术，获得初步的职业体验，形成初步的生涯规划意识。

3. 普通高中

注重围绕丰富职业体验，开展服务性劳动和生产劳动，理解劳动创造价值，接受锻炼、磨炼意志，具有劳动自立意识和主动服务他人、服务社会的情怀。指导学生：（1）持续开展日常生活劳动，增强生活自理能力，固化良好劳动习惯；（2）选择服务性岗位，经历真实的岗位工作过程，获得真切的职业体验，培养职业兴趣；积极参加大型赛事、社区建设、环境保护等公益活动、志愿服务，强化社会责任意识和奉献精神；（3）统筹劳动教育与通用技术课程相关内容，从工业、农业、现代服务业以及中华优秀传统文化特色项目中，自主选择1～2项生产劳动，经历完整的实践过程，提高创意物化能力，养成吃苦耐劳、精益求精的品质，增强生涯规划的意识和能力。

4. 职业院校

重点结合专业特点，增强职业荣誉感和责任感，提高职业劳动技能水平，培育积极向上的劳动精神和认真负责的劳动态度。组织学生：（1）持续开展日常生活劳动，自我管理生活，提高劳动自立自强的意识和能力；（2）定期开展校内外公益服务性劳动，做好校园环境秩序维护，运用专业技能为社会、为他人提供相关公益服务，培育社会公德，厚植爱国爱民的情怀；（3）依托实习实训，参与真实的生产劳动和服务性劳动，增强职业认同感和劳动自豪感，提升创意物化能力，培育不断探索、精益求精、追求卓越的工匠精神和爱岗敬业的劳动态度，坚信"三百六十行，行行出状元"，体认劳动不分贵贱，任何职业都很光荣，都能出彩。

5. 普通高等学校

强化马克思主义劳动观教育，注重围绕创新创业，结合学科专业开展生产劳动和服务性劳动，积累职业经验，培育创造性劳动能力和诚实守信的合法劳动意识。使学生：（1）掌握通用劳动科学知识，深刻理解马克思主义劳动观和社会主义劳动关系，树立正确的择业就业创业观，具有到艰苦地区和行业工作的奋斗精神；（2）巩固良好日常生活劳动习惯，自觉做好宿舍卫生保洁，独立处理个人生活事务，积极参加勤工助学活动，提高劳动自立自强能力；（3）强化服务性劳动，自觉参与教室、食堂、校园场所的卫生保洁、绿化美化和管理服务等，结合"三支一扶"、大学生志愿服务西部计划、"青年红色筑梦之旅""三下乡"等社会实践活动开展服务性劳动，强化公共服务意识和面对重大疫情、灾害等危机主动作为的奉献精神；（4）重视生产劳动锻炼，积极参加实习实训、专业服务和创新创业活动，重视新知识、新技术、新工艺、新方法的运用，提高在生产实践中发现问题和创造性解决问题的能力，在动手实践的过程中创造有价值的物化劳动成果。

三、劳动教育途径、关键环节和评价

（一）劳动教育途径

将劳动教育纳入人才培养全过程，丰富、拓展劳动教育实施途径。

1. 独立开设劳动教育必修课

在大中小学设立劳动教育必修课程。中小学劳动教育课平均每周不少于 1 课时，用于活动策划、技能指导、练习实践、总结交流等，与通用技术和地方课程、校本课程等有关内容进行必要统筹。职业院校开设劳动专题教育必修课，不少于 16 学时；主要围绕劳动精神、劳模精神、工匠精神、劳动组织、劳动安全和劳动法规等方面设计。普通高等学校要将劳动教育纳入专业人才培养方案，明确主要依托的课程，可在已有课程中专设劳动教育模块，也可专门开设劳动专题教育必修课，本科阶段不少于 32 学时；课程内容应加强马克思主义劳动观教育，普及与学生职业发展密切相关的通用劳动科学知识，并经历必要的实践体验。

2. 在学科专业中有机渗透劳动教育

中小学道德与法治（思想政治）、语文、历史、艺术等学科要有重点地纳入劳动创造人本身、劳动创造历史、劳动创造世界、劳动不分贵贱等马克思主义劳动观，纳入歌颂劳模、歌颂普通劳动者的选文选材，纳入阐释勤劳、节俭、艰苦奋斗等中华民族优良传统的内容，加强对学生辛勤劳动、诚实劳动、合法劳动等方面的教育。数学、科学、地理、技术、体育与健康等学科要注重培养学生劳动的科学态度、规范意识、效率观念和创新精神。

职业院校要将劳动教育全面融入公共基础课，要强化马克思主义劳动观、劳动安全、劳动法规教育。专业课在进行职业劳动知识技能教学的同时，注重培养"干一行爱一行"的敬业精神，吃苦耐劳、团结合作、严谨细致的工作态度。

普通高等学校要将劳动教育有机纳入专业教育、创新创业教育，不断深化产教融合，强化劳动锻炼要求，加强高等学校与行业骨干企业、高新企业、中小微企业紧密协同，推动人才培养模式改革。专业类课程主要与服务学习、实习实训、科学实验、社会实践、毕业设计等相结合开展各类劳动实践，注重分析相关劳动形态发展趋势，强化劳动品质培养。在公共必修课中，要进一步强化马克思主义劳动观教育、劳动相关法律法规与政策教育。

3. 在课外校外活动中安排劳动实践

将劳动教育与学生的个人生活、校园生活和社会生活有机结合起来，丰富劳动体验，提高劳动能力，深化对劳动价值的理解。

中小学每周课外活动和家庭生活中劳动时间，小学 1 至 2 年级不少于 2 小时，其他年级不少于 3 小时；职业院校和普通高等学校要明确生活中的劳动事项和时间，纳入学生日常管理工作。

大中小学每学年设立劳动周，采用专题讲座、主题演讲、劳动技能竞赛、劳动成果展示、劳动项目实践等形式进行。小学以校内为主，小学高年级可适当安排部分校外劳动；普通中学、职业院校和普通高等学校兼顾校内外，可在学年内或寒暑假安排，以集体劳动为主，由学校组织实施。高等学校也可安排劳动月，集中落实各学年劳动周要求。

4. 在校园文化建设中强化劳动文化

学校要将劳动习惯、劳动品质的养成教育融入校园文化建设之中。要通过制定劳动公约、每日劳动常规、学期劳动任务单，采取与劳动教育有关的兴趣小组、社团等组织形式，结合植树节、学雷锋纪念日、五一劳动节、农民丰收节、志愿者日等，开展丰富的劳动主题教育活动，营造劳动光荣、创造伟大的校园文化。

要举办"劳模大讲堂""大国工匠进校园"、优秀毕业生报告会等劳动榜样人物进校园活动，组织劳动技能和劳动成果展示，综合运用讲座、宣传栏、新媒体等，广泛宣传劳动榜样人物事迹，特别是身边的普通劳动者事迹，让师生在校园里近距离接触劳动模范，聆听劳模故事，观摩精湛技艺，感受并领悟勤勉敬业的劳动精神，争做新时代的奋斗者。

（二）劳动教育关键环节

各地和学校要注重围绕劳动教育的目标和内容要求，从提高劳动教育的效果出发，把握劳动教育任务的特点，抓住关键环节，选择适宜的劳动教育方式。

（1）讲解说明。围绕劳动为什么、是什么问题，有重点地进行讲解，让学生懂得劳动的意义和价值。加强劳动观念、劳动纪律、劳动相关法律法规的正面引导，指明轻视劳动特别是轻视普通劳动的危害，让学生明辨是非。加强劳动知识技能的讲解，让学生认清事理，掌握实践操作的基本原理、程序、规则，正确使用工具的方法和技术。讲解要与启发思考、示范、练习等结合起来。

（2）淬炼操作。围绕如何做的问题，注重示范与练习，让学生会劳动。强化规范意识，注重从最基本的程序学起，严守规则，避免主观随意。强化质量意识，注重引导学生关注细节，每个步骤、环节都要精准到位。强化专注品质，注重引导学生对操作行为的评估与监控，做到眼到手到心到，有始有终。

（3）项目实践。围绕劳动能力的培养，让学生完成真实、综合任务，经历完整劳动过程。注重劳动价值体认，引导学生从现实生活中发现需求，选择和确定劳动项目。强化规划设计意识，充分发挥学生的主动性、积极性、创造性，引导学生对项目实践进行整体构思，综合运用所学知识、技术，不断优化行动方案。强化身体力行，锤炼意志品质，敢于在困难与挑战中完成行动任务。

（4）反思交流。围绕劳动价值意义的建构，引导学生总结、交流，促进学生形成反思交流习惯。指导学生思考劳动过程和结果与社会进步、个体成长的关联，避免停留在简单的苦乐体验上。组织学生交流分享劳动的体验和收获,肯定具有积极意义的认识,纠正观念上的偏差。将反思交流与改进结合起来,使学生在劳动中获得成长。

(5)榜样激励。围绕劳动的精神追求,树立典型,激发劳动热情。注意遴选、树立多类型榜样,不仅要有大国工匠、劳动模范,还要有身边劳动表现优异的普通劳动者和同学。指导学生从榜样的具体事迹中领悟他们的高尚精神和优良品质。明确要求学生在日常劳动实践中努力向榜样看齐。

(三)劳动教育评价

将劳动素养纳入学生综合素质评价体系。以劳动教育目标、内容要求为依据,将过程性评价和结果性评价结合起来,健全和完善学生劳动素养评价标准、程序和方法,鼓励、支持各地利用大数据、云平台、物联网等现代信息技术手段,开展劳动教育过程监测与纪实评价,发挥评价的育人导向和反馈改进功能。

1. 平时表现评价

要在平时劳动教育实践活动中及时进行评价,以评价促进学生发展。要覆盖各类型劳动教育活动,明确学年劳动实践类型、次数、时间等考核要求。关注学生在劳动教育活动中的实际表现,注重从行为表现中分析把握劳动观念形成情况。以自我评价为主,辅以教师、同伴、家长、服务对象、用人单位等他评方式,指导学生进行反思改进。要指导学生如实记录劳动教育活动情况,收集整理相关制品、作品等,选择代表性的写实记录,纳入综合素质档案,作为学生学年评优评先的重要参考。

2. 学段综合评价

学段结束时,要依据学段目标和内容,结合综合素质档案分析,兼顾必修课学习和课外劳动实践,对劳动观念、劳动能力、劳动精神、劳动习惯和品质等劳动素养发展状况进行综合评定。建立诚信机制,实行写实记录抽查制度,对弄虚作假者在评优评先方面一票否决,性质严重的应依法依规严肃处理。在高中和大学开展志愿者星级认证。高中学校和高等学校要将考核结果作为毕业依据之一。推动将学段综合评价结果作为学生升学、就业的重要参考。

3. 开展学生劳动素养监测

将学生劳动素养监测纳入基础教育质量监测、职业院校教学质量评估和普通高等学校本科教学质量评估。可委托有关专业机构,定期组织开展关于学生劳动素养状况调查,注重学生劳动观念、劳动能力、劳动精神、劳动习惯和品质等的监测。发挥监测结果的示范引导、反馈改进等功能。

四、学校劳动教育的规划与实施

（一）整体规划劳动教育

学校是劳动教育的实施主体，应根据国家相关规定，结合当地和本校实际情况，对劳动教育进行整体设计、系统规划，形成劳动教育总体实施方案。方案要明确劳动教育目标内容、课时安排、主要劳动实践活动安排、劳动教育过程组织与指导及考核评价办法等。同时要基于学生的年段特征、阶段性教育要求，研究制定"学校学年（或学期）劳动教育计划"，对学年、学期劳动教育实践活动作出具体安排，特别是规划好劳动周等集中劳动，细化有关要求。使总体实施方案和学年（或学期）活动计划相互配套、衔接，形成可持续开展的劳动教育实施方案。

学校在劳动教育规划时要注意处理以下几个方面的关系：

1. 理论学习和实践锻炼的关系

理论学习和实践锻炼都是劳动教育的必要内容。理论学习重在让学生理解和掌握"劳动创造了人本身""劳动创造世界"等历史唯物主义基本理论主张以及劳动相关法律、法规、政策，作为行动的指南。实践锻炼重在将所学知识转化为真正有用的实际本领，形成良好的劳动习惯，弘扬劳动精神。规划劳动教育时，要两者兼顾，坚持以实践锻炼为主，切实保证每一个学生都有必要的劳动实践经历，不能只是口头上喊劳动、课堂上讲劳动。要通过学生实践前的计划构想、实践中的观察思考和实践后的反思交流，加深对有关思想理论、法规政策的理解，实现理论学习和实践锻炼的统一。

2. 劳动教育与其他教育活动的关系

在开足专门劳动教育必修课的同时，中小学劳动教育必修课实践环节中与综合实践活动的社会服务、设计制作、职业体验重叠部分，可整合实施。职业院校、普通高等学校劳动教育中学生生产劳动和服务性劳动可以通过专业实习、实训、创新创业等实践环节完成，日常生活劳动可以通过学生管理落实。

3. 劳动的传统形态与新形态的关系

将日常生活劳动教育贯穿大中小学始终。在安排生产劳动和服务性劳动项目时，中小学要以使用传统工具、传统工艺的劳动为主，引导学生体会劳动人民的艰辛与智慧，传承中华优秀传统文化，兼顾使用新知识、新技术、新工艺、新方法的劳动。职业院校、普通高等学校要注重结合产业新业态、劳动新形态，选择现代农业、工业、服务业项目，提升创造性劳动能力。

（二）劳动教育的组织实施

1. 实施机构和人员

学校要建立健全劳动教育组织实施的工作机制。明确主管校领导，设置机构或明确相关部门负责劳动教育的规划设计、组织协调、资源整合、师资培训、过程管理、总结评价等。

要建立专兼职相结合的劳动教育教师队伍。根据学校劳动教育需要，明确劳动教育责任人，进行劳动教育规划、组织实施、评价等，配齐劳动教育必修课教师，保持教师队伍的相对稳定性。要充分发挥教职员工特别是班主任、辅导员、导师的作用，利用少先队、共青团、党组织以及学生社团等各方面的力量，合力开展劳动教育实践活动。充分利用家长及当地人力资源，聘请相关行业专业人士担任劳动实践指导教师。

2. 劳动安全风险防范与管理

学校要把劳动安全教育与管理作为组织实施的必要内容，强化劳动安全意识，建立健全安全教育与管理并重的劳动安全保障体系。

要依据学生身心发育情况，适度安排劳动强度、时长，切实关注劳动任务及场所设施的适宜性。科学评估劳动实践活动的安全风险，认真排查、清除学生劳动实践中的各种隐患。在场所设施选择、材料选用、工具设备和防护用品使用、活动流程等方面制定安全、科学操作规范，强化劳动过程每个岗位的管理，明确各方责任，防患于未然。制定劳动实践活动风险防控预案，完善应急与事故处理机制。要特别关注劳动过程中的卫生隐患，按照疾控、卫生健康部门及行业有关规定，采取相应措施，切实保护学生的身心健康。鼓励购买劳动教育相关保险。

3. 建立协同实施机制

中小学要推动建立以学校为主导、家庭为基础、社区为依托的协同实施机制，形成共育合力。学校要通过家长会、家长学校、社区宣讲、网络媒体等途径，引导家长树立正确的劳动观；明确家长的劳动教育责任，让家长主动指导和督促孩子完成家庭、社区劳动任务；学校要与相关社会实践基地共同开发并实施劳动教育课程。

职业院校、普通高等学校要建立学校负责规划设计，行业企业社会机构主要负责业务指导，双方共同管理的劳动教育实施机制。通过建立劳模工作室、技能大师工作室，设置荣誉教师、实务导师岗位等，多渠道引入社会力量参与学校劳动教育。要联合社会力量，共建共享稳定的劳动实践基地、校外实习实训基地、各类型创新创业孵化平台，多渠道拓展劳动实践场所。

五、劳动教育条件保障与专业支持

地方教育行政部门要切实加强对劳动教育工作的组织领导，明确机构和人员承担区域推进劳动教育的职责任务，切实加强条件保障、专业支持和督导评估，整体提高大中小学劳动教育质量和水平。

（一）条件建设

1. 丰富和拓展劳动实践场所

地方教育行政部门要统筹规划和配置劳动教育实践资源，满足学校多样化劳动实践需求。充分利用现有综合实践基地、青少年校外活动场所、职业院校和普通高等学校劳动实践场所，建立健全开放共享机制，特别是充分利用职业院校实训实习场所、设施设备，为普通中小学和普通高等学校提供所需要的服务。可安排一批土地、山林、草场等作为学农实践基地，确认一批厂矿企业作为学工实践基地，认定一批城乡社区、福利院、医院、博物馆、科技馆、图书馆等事业单位、社会机构、公共场所作为服务性劳动基地。推动学校充分利用校内学习、生活有关场所，逐步建好配齐劳动技术实践教室、实训基地，丰富劳动教育资源。

2. 加强师资队伍建设

要明确劳动课教师管理要求，保障劳动课教师在绩效考核、职称评聘、评先评优、专业发展等方面与其他专任教师享受同等待遇。推动中小学、职业院校与普通高等学校建立师资交流共享机制，发挥职业院校教师的专业优势，承担普通学校劳动教育教学任务。建立劳动课教师特聘制度，为学校聘请具有实践经验的社会专业技术人员、劳动模范等担任兼职教师创造条件。

高等学校要加强劳动教育师资培养，有条件的院校开设劳动教育相关专业。把劳动教育纳入教育行政干部、校长、教师、辅导员培训内容，开展全员培训，强化劳动意识、劳动观念，提升劳动教育的自觉性。对承担劳动教育课程的教师进行专项培训，提高劳动育人意识和专业化水平。

3. 健全经费投入机制

各地要统筹中央补助资金和自有财力，多种形式筹措资金，加快建设校内劳动教育场所和校外劳动教育实践基地，加强学校劳动教育设施建设，建立学校劳动教育器材、耗材补充机制。学校可按照规定统筹安排公用经费等资金开展劳动教育，可采取政府购买服务方式，吸引社会力量提供劳动教育服务。

（二）加强专业研究和指导

1. 加强劳动教育研究与指导

在全国教育科学规划、教育部人文社会科学研究项目中支持劳动教育研究。地方教育行政部门鼓励和支持相关机构设立劳动教育研究项目。设立一批试验区或试验学校，注重开展跟踪研究、行动研究。举办论坛讲座，营造良好学术氛围。

各级中小学教研机构要配备劳动教育教研员,组织开展专题教研、区域教研、网络教研,通过协同创新、校际联动、区域推进,提高劳动教育整体实施水平。鼓励高等学校依托有关专业机构开展劳动教育教学研究。

2. 组织开展劳动教育课程资源研发

基于劳动教育教学的实际需要,省级教育行政部门明确中小学劳动实践指导手册编写要求,体现"一纲多本",满足不同地区学校的多样化需求,负责组织审查。职业院校可组织编写劳动精神、劳模精神、工匠精神专题读本,由编写院校或委托专业机构进行审查。鼓励学校、学术团体、专业机构等收集整理反映劳动先进人物事迹和精神的影视资料,组织研发展示劳动过程、劳动安全要求的数字资源,梳理遴选来自教学一线的典型案例和鲜活经验,形成分学段、分专题的劳动教育课程资源包,促进优质资源的共享与使用。

(三)督导评估与激励

1. 加强对学校劳动教育实施情况的督查

把劳动教育纳入教育督导体系,完善督导办法。对地方各级人民政府和有关部门保障劳动教育情况进行督导。对学校劳动教育开课率、学生劳动实践组织的有序性,教学指导的针对性,保障措施的有效性等进行督查和指导。督导结果要向社会公开,作为衡量区域教育质量和水平的重要指标,作为对被督导部门和学校及其主要负责人考核奖惩的依据。

2. 建立健全劳动教育激励机制

在国家级、省级教学成果奖励中,将劳动教育教学成果纳入评奖范围,对优秀成果予以奖励。依托有关专业组织、教科研机构等开展劳动教育经验交流和成果展示活动,激发广大教师实践创新的潜能和动力。积极协调新闻媒体传播劳动光荣、创造伟大思想,大力宣传劳动教育先进学校、先进个人。

参考文献

[1] 安·谢·马卡连柯. 儿童教育讲座 [M]. 高天浪, 译. 北京: 人民教育出版社, 1955.
[2] 苏霍姆林斯基. 帕夫雷什中学 [M]. 赵玮, 王义高, 蔡兴文, 等译. 北京: 教育科学出版社, 1983.
[3] 苏霍姆林斯基. 关于人的全面发展 [M]. 王家驹, 张渭霈, 杜殿坤, 等译. 北京: 教育科学出版社, 1984.
[4] Ericka Wills. Teaching about Labor through Union Worker-University Student Dialogues [J]. Labor Studies, 2012 (37).
[5] Ronald PetersJ. Labor Educationinthe Philippines [J]. Labor Studies, 1994 (19).
[6] Gerald Glyde P. College Students Look at Labor [J]. Labor Studies, 1983 (8).
[7] George Boyle V. The Functions of University Labor Education Programs [J]. Labor Studies, 1977 (2).
[8] John Holford, Old Themes. New Variations: Politics, the state, and the Shaping of Labor [J]. Labor Studies, 1994 (19).
[9] Kazakevich V M. The Present State and Prospects of the Technological Training of Student for Labor [J]. Russian Education and Society, 2002 (44).
[10] 加布里埃尔, 阿尔蒙德, 等. 比较政治学: 体系、过程和政策 [M]. 曹霈霖, 译. 上海: 上海译文出版社, 1987.
[11] 成有信. 教育学原理 [M]. 郑州: 河南教育出版社, 1993.
[12] 李珂. 嬗变与审视——劳动教育的历史逻辑与现实重构 [M]. 北京: 社会科学文献出版社, 2019.
[13] 中共中央文献研究室. 习近平关于实现中华民族伟大复兴的中国梦论述摘编 [M]. 北京: 中央文献出版社, 2013.
[14] 苏霍姆林斯基. 关于全面发展教育的问题 [M]. 王家驹, 等译. 长沙: 湖南教育出版社, 1984.
[15] 中共中央马克思恩格斯列宁斯大林著作编译局. 马克思恩格斯文集 (第9卷) [M]. 北京: 人民出版社, 2009.
[16] 中共中央马克思恩格斯列宁斯大林著作编译局. 列宁全集 [M]. 北京: 人民出版社, 2013.
[17] 习近平. 在知识分子、劳动模范、青年代表座谈会上的讲话 [N]. 人民日报, 2016-04-30 (2).
[18] 夏莹, 郑云涛. 大学生劳动教育途径与方法探索 [J]. 牡丹江大学学报, 2018 (6): 144-147.
[19] 曲霞, 刘向兵. 新时代高校劳动教育的内涵辨析与体系建构 [J]. 中国高教研究, 2019 (2): 74.
[20] 徐长发. 劳动教育是人生第一教育 [J]. 中国农民教育, 2015 (10): 4-6.
[21] 檀传宝. 劳动教育的本质在于培养劳动价值观 [J]. 人民教育, 2017 (9): 45-48.
[22] 檀传宝. 劳动教育的概念理解——如何认识劳动教育概念的基本内涵与基本特征 [J]. 中国教育学刊, 2019 (2): 82-84.
[23] 赵长林. 新中国成立70年我国劳动教育思想的演进与劳动课程的变迁 [J]. 国家教育行政学院学报, 2019 (6): 9-17.
[24] 孙晓丽, 林美卿. 新时代高校劳动教育的价值意蕴与实践路径 [J]. 宁波教育学院学报, 2022 (1): 90-94.

[25] 贾丽辉. 新时代高校劳动教育的价值意蕴、实施原则及策略 [J]. 现代教育管理, 2021 (6): 38-43.

[26] 范俊玉. 新时代加强高校劳动教育的重要价值及激励措施 [J]. 创新与创业教育, 2022 (1): 134-139.

[27] 王唱. 新时代高校劳动教育价值意蕴及实践策略 [J]. 高教论坛, 2022 (5): 20-22.

[28] 杨莲霞, 李玉妹. "五维一体": 新时代全面加强高校劳动教育实践路径刍议 [J]. 河北师范大学学报 (教育科学版), 2023 (1): 79-83.

[29] 刘向兵. 新时代高校劳动教育论纲 [M]. 北京: 社会科学文献出版社, 2019.

[30] 费艳阳. 毛泽东劳动教育观的文化渊源、历史演进及实践效应 [D]. 太原: 山西师范大学, 2018.

[31] 李秀萍. 邓小平劳动思想研究 [D]. 武汉: 华中师范大学, 2017.

[32] 汤素娥. 习近平新时代劳动观研究 [D]. 长沙: 湖南大学, 2019.

[33] 王婷. 习近平劳动思想探析 [D]. 南昌: 南昌大学, 2018.

[34] 梁启玲. 高校劳动教育研究 [D]. 成都: 西南财经大学, 2021.

[35] 梁琴琴. 新时代高校劳动教育研究 [D]. 南充: 西华师范大学, 2020.

[36] 肖凯悦. 新时代高校劳动教育的现状与对策研究 [D]. 青岛: 青岛科技大学, 2022.

[37] 皮娇林. 新时代高校劳动教育研究 [D]. 景德镇: 景德镇陶瓷大学, 2023.

[38] 李彤. 高校大学生劳动教育研究 [D]. 保定: 河北大学, 2021.

[39] 陈方会. 新时代加强大学生劳动教育的路径研究 [D]. 喀什: 喀什大学, 2023.

[40] 于丽焦. 新时代大学生劳动教育研究 [D]. 海口: 海南师范大学, 2021.

[41] 李文俊. 新时代大学生劳动观培养研究 [D]. 沈阳: 辽宁大学, 2021.

[42] 张瑞林. 新时代大学生劳动教育的创新发展研究 [D]. 银川: 宁夏大学, 2022.

[43] 郑银凤. "90 后"大学生劳动观教育研究 [D]. 成都: 西南交通大学, 2016.

[44] 王彦庆. 新时代大学生劳动教育研究 [D]. 哈尔滨: 哈尔滨师范大学, 2021.

[45] 陶行知. 陶行知教育文集 [M]. 成都: 四川教育出版社, 2005.

[46] 赵荣辉. 劳动教育及其合理性研究 [M]. 北京: 民族大学出版社, 2012.

[47] 杨国华. 劳动与人的自由全面发展: 马克思的劳动概念及其当代意义 [M]. 上海: 上海人民出版社, 2015.

[48] 姚惜鸣. 劳动教育讲话 [M]. 郑州: 河南人民出版社, 1956.

[49] 程凤山. 劳动教育 [M]. 大连: 大连理工大学出版社, 1993.

[50] 程凯华. 中国传统美德 [M]. 武汉: 长江文艺出版社, 2002.

[51] 余金保, 洪耀球, 司春灿, 等. 新时代大学生劳动教育教程 [M]. 北京: 北京理工大学出版社, 2022.